Hans-Jürgen van der Gieth

Das Lesen fördern

Bibliografische Information der Deutschen Bibliothek
Die Deutsche Bibliothek verzeichnet diese Publikation in der Deutschen Nationalbibliografie; detaillierte bibliografische Daten sind im Internet über www.dnb.de abrufbar.

www.buchverlagkempen.de

1. Auflage, Kempen 2024

Product footprint
CO_2 Neutral
PBN-CFMCP-015258
www.preferredbynature.org

MIX
Papier aus verantwortungsvollen Quellen
FSC
www.fsc.org
FSC® C014138

Nach der neuen deutschen Rechtschreibung

Lektorat: BVK
Umschlaggestaltung: Inside Grafik, Kempen
unter der Verwendung des Fotos: © Africa Studio – stock.adobe.com
Layout / Gestaltung: Inside Grafik, Kempen

Fotos:
S. 14: jörn buchheim – stock.adobe.com; S. 17: Racle Fotodesign – stock.adobe.com; S. 20: contrastwerkstatt – stock.adobe.com; S. 23: 6okean – stock.adobe.com; S. 25: Anke Thomass – stock.adobe.com; S. 27: WavebreakmediaMicro – stock.adobe.com; S. 28: Robert Kneschke – stock.adobe.com; S. 34: Gerhard Seybert – stock.adobe.com; S. 39: candy1812 – stock.adobe.com; S. 41: Syda Productions – stock.adobe.com; S. 45: JackF – stock.adobe.com; S. 54: M. Schuppich – stock.adobe.com; S 64: Pixel-Shot – stock.adobe.com; S. 65: Christian Suhrbier – stock.adobe.com; S. 67: Maksym Yemelyanov – stock.adobe.com; S. 69: Irina Schmidt – stock.adobe.com; S. 72: orbcat – stock.adobe.com; S. 76: Mikolette Moller/peopleimages.com – stock.adobe.com; S. 82: viperagp – stock.adobe.com; S. 87: Valery Sibrikov – stock.adobe.com; S. 88: Africa Studio – stock.adobe.com; S. 90: Arto – stock.adobe.com; S. 95: www.freund-foto.de – stock.adobe.com; S. 97: nullplus – stock.adobe.com; S. 99: Victor Brizuela; S. 100/101: max dallocco – stock.adobe.com; S. 105: musicphoto – stock.adobe.com; S. 109: © Eric Isselée – Fotolia.com; © Brian Lambert – Fotolia.com; © Kitch Bain – Fotolia.com, © laurent – Fotolia.com; © Ernst-P. – Fotolia.com; © David DEMEYERE – Fotolia.com; © Michael – Fotolia.com; © Jens Klingebiel – Fotolia.com; © Vally – Fotolia.com; ; S.112: Yuriy – stock.adobe.com; S. 113: Carmen Hochmann; S. 127: Zacarias da Mata – stock.adobe.com; S. 132: Sunday Cat Studio – stock.adobe.com; S. 136: Halfpoint – stock.adobe.com; S. 137: Kzenon – stock.adobe.com; JenkoAtaman – stock.adobe.com; S. 139: Sunny studio – stock.adobe.com; S. 140: Superingo – stock.adobe.com; S. 143: Pixel-Shot – stock.adobe.com; S. 147: caftor – stock.adobe.com; S. 148: unikat – stock.adobe.com; S. 149: stock.adobe.com

Druck/Bindung: Jettenberger Internationale Druckagentur, D-Königsbrunn
Printed in Europe

Best.-Nr.: PR57, ISBN 978-3-96520-330-3

Hans-Jürgen van der Gieth

DAS LESEN FÖRDERN

ANLEITUNGEN UND ÜBUNGEN

Inhaltsverzeichnis

Inhaltsverzeichnis

Vorwort

Als Autor schreibt man das Vorwort zu seinem Buch häufig erst, nachdem man den Inhalt fertiggestellt hat. So halte ich es auch bei diesem Buch, das im übrigen eine überarbeitete Fassung des 2018 erstmals erschienenen Buches: „Leseförderung – aber wie?" darstellt. Während dort das Hauptaugenmerk auf die Leseförderung in der Familie gerichtet war, steht in diesem Buch die Leseförderung im Schulunterricht im Mittelpunkt.

Heute, an einem Donnerstag Anfang Dezember 2023, flattert mir die aktuelle Ausgabe der ZEIT ins Haus. Sie erregt mit einem ihrer Leitartikel auf der ersten Seite meine Aufmerksamkeit. „Nachhilfe gesucht – der zweite Pisa-Schock ist noch heftiger als der erste." Und an genau diesen Pisa-Schock bzw. die ihm vorausgegangene erste Pisa-Studie aus dem Jahre 2000 kann ich mich noch sehr gut erinnern. Ein Aufschrei ging durch die Kollegien, Bildungsministerinnen und -minister waren aufgeschreckt, in der bundesrepublikanischen Gesellschaft wurden Erinnerungen an die 1964 beklagte „Bildungskatastrophe" wach. Auch sind mir die vielfältigen Aktivitäten in der Folgezeit noch deutlich vor Augen. Doch die ergriffenen Maßnahmen haben langfristig offensichtlich nicht zum erwarteten Erfolg geführt. Deutschland schneidet bei dem aktuellen weltweiten Test zum wiederholten Male schlecht ab. In dem genannten ZEIT-Artikel heißt es: „Mit der neuen Pisa-Studie steht die Bildungspolitik vor einem Scherbenhaufen. Gut zwanzig Jahre nach dem ‚Pisa-Schock' sind die Leistungen der deutschen 15-Jährigen – nach zwischenzeitlicher Besserung – wieder auf Schock-Niveau" (aus: Thomas Kerstan: „Nachhilfe gesucht" in: DIE ZEIT, Nr. 52/23 v. 7. 12. 2023, S. 1). In allen drei getesteten Bereichen Lesekompetenz, Mathematik und Naturwissenschaften sind die Leistungen unserer Schülerinnen und Schüler schlechter geworden als bei der vorherigen Pisa-Studie des Jahres 2018.

Die aktuelle Pisa-Studie ist nun innerhalb kürzester Zeit die zweite Hiobsbotschaft hinsichtlich des bundesrepublikanischen Bildungswesens. Bereits im Mai 2023 wurde die Internationale Grundschul-Lese-Untersuchung (IGLU) veröffentlicht. Es handelt sich hierbei um eine internationale Studie aus dem Jahre 2021. Hier wurde die Lesekompetenz der Kinder in den vierten Klassen getestet. Auch bei dieser Studie landet Deutschland nur im Mittelfeld. Auffällig ist, dass es bei uns große Unterschiede zwischen den lesestärksten und -schwächsten Schülerinnen und Schülern gibt. Tendenz steigend! Insgesamt ist die Lesekompetenz im Vergleich zu früheren IGLU-Studien gesunken. Beunruhigend ist der Befund, dass in Deutschland ein Viertel der getesteten Kinder nicht den international festgelegten Mindeststandard beim Lesen erreicht. Auch hier ist eine stark steigende Tendenz festzustellen: von 18,9 % im Jahre 2016 auf 25,4 % im Jahre 2021. In der Studie wird ausdrücklich darauf hingewiesen, dass nicht die ausländische Herkunft von Schülerinnen und Schülern der entscheidende Grund für den Leistungsabfall darstellt. Interessant ist wohl auch, dass die Lesemotivation unserer Kinder anscheinend relativ hoch ist, obwohl auch hier ein negativer Trend sichtbar ist.

Interessant im Zusammenhang mit der IGLU-Studie ist eine weitere Erkenntnis, die der SPIEGEL in seiner Ausgabe Nr. 37 v. 9.9.2023 zum Thema macht, und zwar der Einfluss der Digitalisierung auf die Förderung der Lesekompetenz. In seinem bemerkenswerten Artikel: „Handys aus, Bücher auf!“ wird auf zahlreiche Studien zur Digitalisierung bei der Leseförderung Bezug genommen und deren Aussagen, Erkenntnisse, Einschätzungen zum Ausdruck gebracht.

So heißt es im oben genannten SPIEGEL-Artikel, der unter anderem eine Studie des renommierten Dortmunder Instituts für Schulentwicklungsforschung (IFS) wie folgt zitiert: „Wer Bücher liest oder wem vorgelesen wird, kann sich deutlich besser sprachlich ausdrücken, als wenn das nicht der Fall ist ... Danach sind Viertklässler, die zu Hause Bücher lesen, ihren Mitschülerinnen und Mitschülern, die das nie oder selten tun, in Sachen Wortschatz um rund ein Jahr voraus." Und so weiter! All dies gilt also vor allem für Grundschulkinder. Grundsätzlich ist festzuhalten: Digitale Medien haben in der Grundschule nur sehr bedingt etwas zu suchen; in der Leseförderung sind sie dort weitestgehend abzulehnen. Werden digitale Medien in der Grundschule eingesetzt, muss dies zumindest mit einer fundierten Medienerziehung begleitet werden. Allerdings gilt dies selbstverständlich auch für einen „digital gestützten Unterricht" in allen Schulstufen. Die enorme Informationsflut, die Schwierigkeiten beim Erkennen seriöser Informationen, der „Einfluss" bzw. die „Abhängigkeit" von sozialen Medien stellen in der pädagogischen Arbeit mit älteren Kindern und Jugendlichen große Herausforderungen dar. Und gerade in diesem Zusammenhang sind die sozialen und psychischen Wirkungen und Verwerfungen durch die Nutzung von Smartphone und Co. nicht zu unterschätzen.

Kommen wir noch einmal konkret auf die Leseförderung in unseren Schulen zurück. Da gibt es nicht nur negative Schlagzeilen zu vermelden, sondern auch über durchaus mutmachende Initiativen kann berichtet werden. Zum Beispiel über das „Hamburger Leseband" des Verbundes BiSS (Systematische Leseförderung in der Grundschule), die den Anteil lesefähiger Kinder durch die konsequente Anwendung bestimmter Lautleseverfahren in relativ kurzer Zeit deutlich steigern konnte. Einige dieser konkreten Möglichkeiten der Leseförderung werden in diesem Buch vorgestellt.

In diesem „neuen“ Buch zur Leseförderung steht in einem ersten, eher theoretischen Teil die aktuelle Situation der Lesekompetenzschulung sowie die dringende Notwendigkeit, sich intensiv mit ihr zu beschäftigen, im Vordergrund. Der zweite Teil stellt konkrete Möglichkeiten der Leseförderung in den Schulen vor. Im dritten Teil werden zahlreiche Ideen für die Leseförderung in den Familien aufgezeigt.

Ich wünsche Ihnen eine inspirierende Lektüre – und viel Spaß und Erfolg bei der Arbeit mit „ihren Kindern“!

Hans-Jürgen van der Gieth

Vorbemerkungen

Wie im Vorwort ja bereits ausführlich beschrieben, schneiden Deutschlands Schülerinnen und Schüler bei diversen Schulleistungstests im internationalen Vergleich seit Jahren eher schlecht ab. Dabei ließ zuletzt die bereits eingangs erwähnte neueste Internationale IGLU-Studie (Internationale Grundschul-Lese-Untersuchung), veröffentlicht am 16.05.2023, erneut aufhorchen, was die Lesekompetenz unserer Schülerinnen und Schüler betrifft. Die Ergebnisse führten bereits in vielen Bundesländern zu zahlreichen Aktivitäten. Nach der genannten Studie lesen in Deutschland Schülerinnen und Schüler der 4. Klasse schlechter als noch vor fünf Jahren. Erschreckend ist der Befund, dass rund 25 Prozent der Kinder beim Lesen nicht den international festgelegten Mindeststandard erreicht, der für das weitere erfolgreiche Lernen notwendig wäre. Die Untersuchungen des nationalen IQB-Bildungstrends aus dem Jahre 2021 werden damit bestätigt.

Es ist bei der IGLU-Studie auch festgestellt worden, dass nicht nur der Anteil der „guten" Schülerinnen und Schüler abnimmt, sondern dass auch die Leistungsunterschiede in den einzelnen Klassen immer größer werden.

Leseförderung in der Schule: herausfordernd

Dabei stehen die Schulen bzw. die Lehrkräfte hinsichtlich einer erfolgversprechenden Leseförderung vor einem kaum zu überwindenden Dilemma. Gerade in den letzten Jahren wurden ihnen immer mehr Aufgaben aufgebürdet, die sie zu bewältigen haben. Stichworte wie Inklusion, Integration, Anstieg an administrativen Aufgaben, zunehmend „schwierige" Eltern, Erziehungsdefizite aus dem

Elternhaus – und natürlich auch immer noch die nicht vollständig überwundene Corona-Pandemie mit ihren teils verheerenden Auswirkungen gerade auf unsere Schülerinnen und Schüler – illustrieren die Herausforderungen für das pädagogische Personal in besonderer Weise. Hinzu kommen vielfach überbordende Lehrpläne, deren Inhalte in der vorgegebenen Zeit kaum zu bewältigen sind. Grundlegende wichtige Basisqualifikationen, zu denen die Leseförderung an erster Stelle gehört, bleiben dabei auf der Strecke.

Lesesozialisation in den Familien häufig unzureichend

Neben den oftmals nicht sonderlich erfolgreichen Bemühungen bzw. schwierigen Verhältnissen an den Schulen beginnt eine der wesentlichen Ursachen für das relativ schlechte Abschneiden bereits bei der Lesesozialisation unserer Kleinsten in ihren Familien. Hier hat häufig das Buch bzw. das Lesen keinen hohen Stellenwert mehr. Sicherlich gibt es sehr bemühte Eltern, die ihre Kinder auf vielfältigste Weise zum Lesen animieren bzw. versuchen, ihnen die Welt des Buches immer wieder nahezubringen. Doch die Zahl der Eltern, die selbst nicht bücher- bzw. leseaffin sind, ist in den letzten Jahren gestiegen.

Die Gründe hierfür sind zahlreich. Es hat zu tun mit der mangelnden Zeit aufgrund beruflicher Belastungen. Auch die vielen Möglichkeiten der Freizeitgestaltung und die insgesamt veränderten Formen familiärer Kommunikation sind hierfür verantwortlich. So ist der gemeinsam verbrachte Fernsehabend oft wichtiger als eine gemeinsame Lese- bzw. Vorlesezeit. Selbstverständlich hängt die Veränderung im Leseverhalten auch mit der zunehmenden Digitalisierung zusammen. Sie scheint nicht nur das Buch immer überflüssiger zu machen, sondern erzeugt auch andere, neue Formen des Lesens. Darüber hinaus fehlt in vielen Familien oft nicht nur das Bewusstsein für die Notwendigkeit gezielter Leseförderung, sondern häufig wissen die Eltern einfach nicht, wie sie geeignete Möglichkeiten finden und nutzen können.

Leseförderung in allen Fächern

Wesentlich ist noch folgender Aspekt: Die Leseförderung in der Schule nur dem Fach Deutsch zuzuschreiben, geht nicht nur an den wirklichen Bedürfnissen vorbei. Sie verschließt auch die vielfältigen Möglichkeiten einer breiten Form von Kompetenzvermittlung.

Die Misserfolge eines schlecht lesenden Kindes beschränken sich nicht auf das Fach Deutsch und den dort geforderten Lesefähigkeiten. Häufig machen sie sich auch in anderen Fächern bemerkbar. Immer wieder geht es in Fächern wie Geografie, Geschichte, Politik, Religion oder auch in Biologie, Physik ... um die Aufnahme von Informationen mittels eines Textes und die damit verbundene Herausarbeitung wichtiger Inhalte. Kinder, die Schwierigkeiten haben beim schnellen und flüssigen Lesen, tun sich daher auch schwer bei der Textbearbeitung bzw. beim Bearbeiten von Aufgaben zum Textverständnis, bei Textaufgaben in Mathematik zum Beispiel. Ein kompetenter Leser dagegen kann sich voll und ganz auf die konkreten mathematischen Anforderungen konzentrieren und hat damit einen immensen Vorteil gegenüber schwachen Lesern.

So ist flüssiges und schnelles Lesen enorm wichtig für ein erfolgreiches Arbeiten im Unterricht. Als grundlegende Qualifikation, als Basiskompetenz, ist somit das Lesenlernen, die Fähigkeit des textverstehenden und sinnerfassenden Lesens grundlegend für die gesamte schulische Arbeit.

Hinweis:

Da in diesem Buch nur beispielhaft Übungsmaterial enthalten ist, finden Sie als kostenlose Ergänzung zahlreiche weitere Übungen unter *www.buchverlagkempen.de.* Darüber hinaus empfehle ich Ihnen folgende direkt einsetzbare Materialien zur Leseförderung aus dem umfangreichen Programm des BVK:

Lesetandems und chorisches Lesen
1. Klasse; 2. Klasse; 3. Klasse; 4. Klasse

Weihnachtliche Lesetandems und chorisches Lesen
1. – 4. Klasse

Vorlesetheater
Band 1; Band 2

Weihnachtliche Vorlesetheater
Dialoge – Texte zur Leseförderung

Würfellesen
2. Klasse; 3. Klasse; 4. Klasse

Tandemlesen
1. Klasse – 20 Minuten Lesezeit
2. Klasse – 20 Minuten Lesezeit
3. Klasse – 20 Minuten Lesezeit
4. Klasse – 20 Minuten Lesezeit

Lapbook Mein Lieblingsbuch

Merkheft Lesen

Leseförderung mit Sachgeschichten
Gartentiere und Haustiere

Leseförderung mit Sachtexten
Natur; Jahreszeiten; Heimische Tiere; Lebensräume; Umwelt; Naturphänomene

TEIL 1

Lesekompetenz – eine Schlüsselkompetenz

Neben zahlreichen anderen sogenannten Schlüsselkompetenzen nimmt die Lesekompetenz sicherlich einen besonders hohen Stellenwert ein. Häufig wird sie auch als Basisqualifikation bezeichnet. Nicht nur für den schulischen Erfolg, sondern auch zur Bewältigung zahlreicher Lebenssituationen spielt die Fähigkeit, lesen, und zwar flüssig und sinnentnehmend lesen zu können, eine übergeordnete Rolle. Auch und vielleicht sogar gerade in Zeiten von Digitalisierung, in der die Informationsflut kaum noch zu bewältigen ist, ist die Fähigkeit, sinnentnehmend lesen zu können, besonders wichtig. Denn sie gewährleistet den Zugang zu ständig und in ungeheurer Menge auf uns wirkende Informationen. Lesekompetenz eröffnet uns zahlreiche und vielfältige Kommunikationsmöglichkeiten, damit auch die Zugehörigkeit zur Gesellschaft und darüber hinaus die kulturelle Teilhabe durch ästhetische Erfahrungen im Umgang mit der Schrift. Dabei stellt sie ebenfalls eine entscheidende „Selektions-Instanz" innerhalb der Gesellschaft dar und ist somit auch ein zentraler Integrationsbestandteil hinsichtlich der Zugehörigkeit zur Gemeinschaft.

So ist es nicht verwunderlich, dass sich die politische Diskussion um Integrationsmaßnahmen „ausländischer Mitbürger" immer wieder an der Frage nach der sprachlichen Qualifikation dieser Menschen entfacht. Ohne Erlernen der deutschen Sprache ist eine Integration in unsere Gesellschaft kaum möglich. Allerdings sind auch Muttersprachler, die die deutsche Sprache (und hier vor allem das Lesen) nicht ausreichend beherrschen, von vielen Beteiligungsmöglichkeiten ausgeschlossen. Der hohe Anteil an Menschen in unserer Gesellschaft, die nicht über ausreichende Lese- und Schreibfähigkeiten verfügen (totaler und funktionaler Analphabetismus) muss uns äußerst skeptisch stimmen und wir müssen uns fragen, wieso jedes Jahr Tausende die Schule verlassen, ohne ausreichend lesen und schreiben zu können.

Ohne eine Grundausstattung sprachlicher Fähigkeiten können selbst einfachste Anforderungen nicht bewältigt werden. Denken wir nur an die Orientierung in einer fremden Stadt (z. B. das Lesen und Verstehen von Straßen- und Hinweisschildern), die richtige Handhabung eines technischen Gerätes mit Hilfe der Gebrauchsanweisung oder das Verstehen wichtiger Formulierungen in einem Mietvertrag, um nur einige Beispiele zu nennen. Zu diesen grundlegenden Fähigkeiten sprachlicher Äußerungsformen in unterschiedlichster Ausprägung gehört neben dem Sprechen und Schreiben selbstverständlich das Lesen, das in den oben genannten Beispielen gefordert ist. Dem Lesen kommt eine besondere Bedeutung zu, da es gerade für die Aufnahme von Informationen in allen Lebensbereichen Voraussetzung und somit grundlegend ist.

Was ist Lesekompetenz?

Als Lesekompetenz lassen sich die erforderlichen Fähigkeiten und Fertigkeiten im Zusammenhang mit der „lesenden“ Erschließung von Umwelt beschreiben. Lesekompetenz ist die entscheidende Voraussetzung für die eigenständige Nutzung von Texten sowie von Informationen, die über Medien verbreitet werden.

Lesekompetenz lässt sich auf verschiedene Weise erwerben und ihre Bedeutung ist durchaus unterschiedlich. Sie lässt sich in folgende drei Qualifikationsbereiche aufgliedern:

- Leseerwerb / Lesetraining: Das Ziel ist der Erwerb der Decodierfähigkeit sowie des flüssigen Lesens.
- Leseförderung mit dem Ziel der Entwicklung sinngebenden (sinnentnehmenden / verstehenden) Lesens.
- Literarische Bildung mit dem Ziel der Förderung des Leseinteresses und darüber hinaus der Teilnahme am kulturellen Leben (ästhetische Komponente).

Zweifellos ist lesen ein vielschichtiger Prozess, der auf unterschiedlichen Ebenen stattfindet. Lesekompetenz ist mehr als die Fähigkeit, nur lesen zu können. Es ist die Fähigkeit, unterschiedliche geschriebene Texte in ihren Aussagen, Absichten und ihrer formalen Struktur zu verstehen, sie in einen größeren Zusammenhang einzuordnen sowie Texte für unterschiedliche Zwecke sachgerecht zu nutzen.

Eine wesentliche Grundvoraussetzung für die Lesekompetenz ist die Automatisierung des Leseprozesses. Es liegt auf der Hand, dass ein mühsames Er-lesen eines Textes zum Verständnis nicht unbedingt beiträgt. Daher muss bei der Leselernförderung das flüssige Lesen am Anfang stehen. Erst auf der Grundlage des flüssigen Lesens kann die Erschließung des Inhalts eines Textes erfolgreich sein. Hinzu kommt, dass erst das flüssige Lesen es dem Leser erlaubt, ohne Anstrengung und Angst vor einem Text den Inhalt zu bewältigen. Im Übrigen erhöht die Fähigkeit, einen Text flüssig lesen zu können, deutlich die Motivation, überhaupt zu lesen und sich mit dem Inhalt eines Textes auseinanderzusetzen. Dies ist nicht zu unterschätzen, denn mangelnde Lesefähigkeiten ziehen nicht nur eine geringere Motivation, sich mit – längeren – Texten zu beschäftigen nach sich, sondern sie prägen auch den unmotivierten und nicht sonderlich erfolgreichen Leser schnell zu einem „Nicht-Leser“.

Lesemotivation als Grundvoraussetzung für eine erfolgreiche Leseförderung

Bei der Vermittlung von Lesekompetenz bzw. beim Erwerb von Lesekompetenz durch das lernende Kind, den lernenden Jugendlichen, spielt also besonders die Lesemotivation eine große Rolle. Die erste Konfrontation mit Büchern, mit Texten erfährt das Kind meist zu Hause in der Familie. Später wird es in den Einrichtungen der frühkindlichen Erziehung (Kindertagesstätten etc.) ebenfalls Vor-„Lese“erfahrungen machen. Einen wesentlichen Beitrag zur Lesekompetenzentwicklung hat zweifellos die Schule zu leisten. Immer spielt die Motivation, überhaupt einen Text lesen zu wollen, eine große Rolle. Dabei ist dies in der Familie sicherlich leichter zu erzielen als beispielsweise in der Schule, da sie dort ohne Leistungsdruck erfolgen kann. Allerdings fehlt hier oft der richtige Zugang, erfolgt nicht immer eine kindgerechte „Anleitung“ zum Lesen und damit zur Entwicklung dieser so wichtigen Kernkompetenz.

In der Schule wird „Lesenlernen“ nicht selten als Selbstzweck betrachtet und die Schülerinnen und Schüler mit wenig motivierenden Texten konfrontiert. So lässt sich zum Beispiel das rasche Nachlassen des Interesses an den Fibeltexten in der Phase des Erstleseunterrichts erklären. Dabei ist es substantiell wichtig, dass die jungen Leserinnen und Leser Spaß und Interesse an den zu lesenden Texten haben. Dass man dabei nicht immer den „Geschmack“ eines jeden Lesers treffen kann, liegt auf der Hand. Doch bei einer stärkeren Orientierung an den konkreten Lebensverhältnissen und Erlebniswelten der Kinder, an ihren Freizeiterfahrungen und außerschulischen Interessen, könnte eine deutlich stärkere Motivation hinsichtlich der zu lesenden Texte entwickelt werden. Mangelnde Lesemotivation ist vor allem in den weiterführenden Schulen festzustellen. Auch hier ist oftmals die Textauswahl nicht unbedingt dazu geeignet, dass sich bei den Schülerinnen und Schülern so etwas wie Lesespaß einstellt.

Leseförderung – altersgemäß

Darüber hinaus muss sich der Lesestoff am sprachlichen Entwicklungsstand der Leser orientieren. Das ist aufgrund der meist großen Heterogenität in der Lerngruppe ein oftmals schwieriges Unterfangen. Doch entsprechende Differenzierungsmaßnahmen, bei der den Schülerinnen und Schülern passende Lesestoffe angeboten werden, stellen eine sinnvolle und adäquate Maßnahme dar.

Schließlich spielt bei der Entwicklung von Lesekompetenz sowohl der Erwerb von Sachkompetenz als auch die kritische Auseinandersetzung mit einem Text eine wichtige Rolle. Dazu muss – in allen Phasen der Kompetenzschulung – genügend Raum gegeben werden. Dies ist wichtig, damit sich die jungen Leser ein eigenes Urteil über einen im Text dargestellten Sachverhalt, sei es ein Sachtext oder ein fiktionaler Text, bilden können. Sie sollen in der Lage sein, ihre Sichtweisen mit Argumenten darzustellen und zu vertreten. Die Erziehung zur Urteilsfähigkeit stellt also ein wesentliches Ziel pädagogischen, erzieherischen Wirkens dar, ist sie doch Kern der Erziehung zu einem mündigen Bürger. Auch dafür ist die Lesekompetenz die Grundlage.

Es ist wichtig, dass Kinder bereits in frühen Jahren mit dem Lesen konfrontiert werden. Dabei stellt natürlich das Vorlesen in der Familie, später bzw. gleichzeitig im Kindergarten und schließlich in der Schule einen ersten wichtigen Schritt dar.

Betonen möchte ich an dieser Stelle noch die Bedeutung des Übens. Wie bei vielen anderen – automatisierten – Tätigkeiten ist auch beim Lesen(lernen) der Übungsfaktor ganz wichtig. Durch stetiges und intensives Üben wird nicht nur die Leseflüssigkeit verbessert, sondern auch die Fähigkeit des sinnerfassenden bzw. sinnverstehenden Lesens gefördert.

Digitalisierung behindert Leseförderung

Von besonderer Bedeutung sind die Auswirkungen der Digitalisierung auf den Wissenserwerb der Schülerinnen und Schüler allgemein und insbesondere auch auf die Lesekompetenz. Und hier ist ein kritischer Blick unbedingt erforderlich, der in der aktuellen pädagogischen, aber auch politischen Diskussion leider viel zu kurz kommt und oftmals bloßem Populismus gegenübersteht.

Die Forschungsergebnisse des Gehirnforschers Manfred Spitzer, langjähriger Rufer in der Wüste, wurden vielfach belächelt, seine Erkenntnisse aus intensiven Studien nicht ernstgenommen. So belegt er unter anderem in seinen Büchern „Digitale Demenz" aus dem Jahre 2012, „Cyberkrank!" von 2015 und „Die Smartphone Epidemie" (2018) eindrucksvoll den negativen Einfluss bzw. die teils katastrophalen Auswirkungen eines intensiven Umgangs mit digitalen Medien beim Lernen sowie bei der Gesamtentwicklung gerade jüngerer Schülerinnen und Schüler bis ungefähr dem zwölften Lebensjahr und somit erst recht den Kindern im Kindergarten bzw. in der Vorschule. Er spricht davon, dass die intensive Nutzung von Computer, Smartphone, Internet ... fatale Folgen bei gerade jüngeren Kindern nach sich ziehen würden. Er führt hier Sprach- und Lernstörungen, Aufmerksamkeitsdefizite, Stress, Depressionen und zunehmende Gewaltbereitschaft an. Spitzer kommt zu dem Schluss, dass Computer nicht die Bildung der jungen Menschen fördern, sondern sie eher verhindern oder bestenfalls gar keinen Effekt haben.

Tatsächlich lassen sich die beschriebenen Defizite und negativen Auswirkungen in den letzten Jahren bei unseren Kindern und Jugendlichen deutlich beobachten.

Dieser letztgenannte Aspekt hinsichtlich der zunehmenden Gewaltbereitschaft bzw. Verrohung unserer Kinder und Jugendlichen wurde gerade aktuell in dem Buch der Schulleiterin Silke Müller: „Wir verlieren unsere Kinder!“ eindrucksvoll belegt. Die gesamte moralisch-ethische Dimension sowie die Gefahren für die emotionale Entwicklung von Kindern und Jugendlichen lässt sich noch gar nicht in ihrem Ausmaß und ihren Auswirkungen vollständig erfassen.

Vor einem frühen Einsatz digitaler Medien in den Schulen warnen unter anderem auch Gerald Lembke (Studiengangleiter für Digitale Medien an der Dualen Hochschule Baden-Württemberg Mannheim und Präsident des Bundesverbandes für Medien und Marketing e. V.) und Ingo Leipner (Wirtschaftsjournalist und Journalist für „Journalistisches Schreiben“) in ihrem Buch „Die Lüge der Digitalen Bildung“. Sie sind davon überzeugt: „Kinder erleben in unserer Welt genug Digitalität. Da ist es kontraproduktiv, den Umgang mit Computern in Kindergarten und Schule zu forcieren.“ (ebd., S. 82). Für die Autoren gibt die Forschung klare Antworten: „Kinder brauchen eine starke Verwurzelung in der Realität, bevor sie sich in virtuelle Abenteuer stürzen. Ihr Gehirn entwickelt sich besser, wenn kein Tablet oder Smartphone reale Welterfahrung verhindert. Kinder sollten lieber im Matsch spielen als mit Tablets – das ist der beste Weg, um für das digitale Zeitalter fit zu werden.“ (ebd., S. 8) Und weiter führen die Autoren aus: „Aufklärung ist notwendig: Zu viele Trugschlösser entstehen in der Öffentlichkeit, zu wenig kritische Diskussion findet statt. Immer dann, wenn Tablets den Weg in Kindergärten und Schulen finden sollen. Wir haben den Eindruck: In erster Linie geht es um einen Multi-Milliarden-Markt für die IT-Industrie, pädagogische Konzepte dienen vor allem als Deckmäntelchen.“ (S. 9) Sozusagen resümierend führen Lembke und Leipner aus: „… entscheidend ist für uns die Erkenntnis: Wenn das

Bildungssystem Kinder nicht zu früh mit Digitalität konfrontiert, sind sie aber in der Pubertät in der Lage, vernünftig damit umzugehen … Eine Frage der Entwicklungsbiologie: Jugendliche entfalten ihr volles kognitives Potenzial, wenn die Reifung des Gehirns in den ersten Lebensjahren ohne Störung verläuft. Digitale Medien können diesen Prozess stören.“ (ebd., S. 9)

Zweifellos ist das Gehirn das dynamischste Organ in unserem Körper. Mit seinem Gebrauch verändert es sich. Die konkrete Art und Weise, wie das Gehirn genutzt wird, hat enorme Auswirkungen. So stellt das Lernen eine wichtige „Arbeit“ dar, bei der sich die Synapsen – das sind die Verbindungen zwischen den Nervenzellen – verändern. Dabei setzt das Lernen eigenständige Geistesarbeit voraus. Dies bedeutet, dass je mehr und je tiefer ein Sachverhalt bearbeitet wird, desto besser wird er gelernt. Gerade hierbei ist festzustellen, dass digitales Lernen zu oberflächlicherem Denken führt. Dass Laptops, digitale Whiteboards und Co. in Schule und

Unterricht nicht zu einem besseren Lernen führen, beweisen zahlreiche Studien. Und für das Gegenteil, nämlich für ein besseres Lernen durch digitale Medien, gibt es keine belastbaren Studien.

In einer gerade (2023) veröffentlichten Stellungnahme des schwedischen Karolinska-Instituts zur Digitalisierung der Schulen an die Nationale Agentur für Bildung wird dem Bemühen um digitalisiertes Lernen in der Schule ein erschreckend schlechtes Zeugnis ausgestellt. Dazu ist zu erwähnen, dass in Schweden – im Gegensatz zu Deutschland – digitale Schulbücher bereits in der Grundschule genutzt werden. Für das Forschungsinstitut steht fest, „dass die frühe Nutzung von Bildschirmen mit einer schlechteren Sprachentwicklung verbunden sei und die menschliche Interaktion behindere." Die Forschung habe gezeigt, „dass die Digitalisierung der Schulen große, negative Auswirkungen auf den Wissenserwerb der Schüler hat." Bezogen auf die Förderung von Lesekompetenz kommen die schwedischen Forscher zu dem Ergebnis, dass der negative Effekt des Lesens am Bildschirm bei 36 Prozent läge und dass dies etwa zwei Jahren Leseentwicklung in der Mittelstufe entspräche. Die schwedischen Forscher empfehlen dringend, den Schwerpunkt des Wissenserwerbs „über gedruckte Schulbücher und das Fachwissen des Lehrers" zu legen.

In der Stellungnahme des Karolinska-Instituts heißt es weiter, dass es wissenschaftlich belegt sei, „dass digitale Werkzeuge viele Ablenkungen enthielten, die Konzentration und das Arbeitsgedächtnis behinderten, wodurch das Lernen beeinträchtigt werde. Multitasking führe eindeutig zu schlechterem Lernen. Schüler, die ihr Handy beim Lernen neben sich hätten, brauchten deutlich länger für den Stoff."

(nach: Frankfurter Allgemeine Zeitung v. 11.07.2023: „Zurück zu den gedruckten Büchern")

Das Autorenteam wird in der FAZ weiter so zitiert: „Das Lesen und Schreiben auf einem Bildschirm hat negative Auswirkungen auf das Leseverständnis." Danach sei es „schwieriger, sich Informationen zu merken, die auf einem Bildschirm gelesen oder geschrieben wurden, als die in einem Buch gelesenen." (ebd.)

Ein weiteres Problem im Zusammenhang mit der Nutzung digitaler Medien stellen die Gefahren dar, die mit der Nutzung nicht-relevanter, nicht-stimmender, unseriöser Informationen verbunden sind. Eine Beschäftigung mit diesem Aspekt würde den Rahmen dieses Buches allerdings sprengen.

Zwischenresümee: Bildungsprobleme in Deutschland

Bildung, Lernen, Denken, Wissen, Informationsaneignung und -verarbeitung – all diese Begriffe kennzeichnen die Herausforderungen, vor denen unsere Gesellschaft und natürlich auch Politik und Wirtschaft stehen. Wir haben derzeit ein deutlich sichtbares Bildungsproblem. Lange bekannte Defizite in unserem Bildungssystem, angefangen bei der Abhängigkeit des Schulerfolgs von dem sozialen Status der Eltern … über mangelhafte Förderkonzepte, eklatante Mängel bei Integration und Inklusion, einer hohen Zahl von Schulabgängern ohne Abschluss, ein auf die neuen Herausforderungen nicht gut vorbereitetes pädagogisches Personal, große Defizite bei der Ausbildungs- und Studierfähigkeit vieler unserer jungen Menschen, ein im internationalen Vergleich geringes finanzielles Engagement für Schule und Bildung, ein erheblicher Lehrermangel bis konkret – und dies ist ja Thema dieses Buches – zu großen Defiziten in der Lesekompetenz unserer Schülerinnen und Schüler beschreiben die derzeitige Situation im Bildungswesen in erschreckender Klarheit. In steter Regelmäßigkeit schneidet Deutschland bei internationalen Schulvergleichstests – wie bereits weiter oben ausgeführt – nicht sonderlich überzeugend ab. Bestenfalls im Mittelfeld landen unsere Schülerinnen und Schüler, mal mit kleinen Fortschritten, aber auch immer wieder mit Verschlechterungen. Dabei ist das Problem nicht neu. So war bereits in den 1960er-Jahren von der Bildungskatastrophe die Rede, bei der prognostiziert wurde, Deutschland hätte Nachteile im internationalen Wettbewerb zu befürchten und durch zu geringe Bildung sei die bundesdeutsche Demokratie gefährdet. Die hat sich zwar in den letzten Jahrzehnten als durchaus stabil erwiesen, doch die Entwicklungen in den letzten Jahren lassen aufhorchen. Die Konsequenzen aus der beschriebenen Bildungskatastrophe waren zahlreiche Reformen, die – und da müssen wir ehrlich sein – offensichtlich nicht zum erhofften Erfolg geführt haben. Denn auch heute ist wieder vom Bildungsnotstand die Rede, rangiert Deutschland bestenfalls im Mittelfeld. Offensichtlich ist weder die Politik – so die Erkenntnis – in der Lage, die entsprechenden Weichenstellungen vorzunehmen, noch leistet die Wissenschaft notwendige Konzepte, um die Misere zu beheben. Dabei ist Bildung in unserem rohstoffarmen Land die wichtigste Ressource. Dies zu verspielen ist mehr als fahrlässig.

Lesekompetenz als Teil der Medienkompetenz

Nach der eher negativen Sicht auf die Digitalisierung im Zusammenhang mit dem allgemeinen Lernen und besonders der Leseförderung – und hier insbesondere bezogen auf die Grundschule und teilweise auch noch für die 5. und 6. Klasse geltend, werfe ich nun einen Blick auf die erforderliche Förderung von Medienkompetenz. Selbstverständlich ist Lesekompetenz immer gleichzeitig Teil der Medienkompetenz. Bei aller Skepsis, die aus den vorangegangenen Erläuterungen hervorgeht, muss sich die Schule den Herausforderungen der digitalen Welt stellen. Aber bitte mit Augenmaß und auf der Grundlage seriöser Forschungsergebnisse. Dazu gehört vor allem die Erkenntnis, Kinder frühestens in der weiterführenden Schule intensiver mit digitalen Medien zu konfrontieren. Hier bieten sich dann durchaus sinnvolle und zukunftsfähige Möglichkeiten digitaler Schulung an.

Allerdings ist es notwendig, die Schülerinnen und Schüler nicht mit den digitalen Medien alleine zu lassen, sondern sie intensiv zu begleiten. So ist der Vermittlung von Medienkompetenz besondere Aufmerksamkeit zu schenken.

Zweifellos haben sich durch die Digitalisierung zahlreiche Arbeitsabläufe in der Arbeitswelt völlig gewandelt, wodurch neue Qualifikationen der Berufstätigen erforderlich sind. Ebenso hat sich die Digitalisierung unseres Lebens massiv auf unser Freizeitverhalten ausgewirkt. Kommunikationsformen haben sich ebenso verändert wie unser Kaufverhalten.

Die intensive Nutzung digitaler Medien hat uns als Menschen verändert, indem wir andere Werte und eine andere Bedeutsamkeit für unser Leben favorisieren. Auch unsere Wahrnehmung hat sich gewandelt, nicht zuletzt sogar unsere Gehirnstrukturen mit derzeit noch nicht eindeutig erkennbaren Folgen und Spätfolgen.

Dass diese Entwicklung an unseren Kindern nicht spurlos vorübergeht, liegt auf der Hand und lässt sich an vielen Beispielen belegen. Wir haben anders sozialisierte Kinder, die mit den digitalen Medien und den neuen Kommunikationsformen aufgewachsen sind. Dabei sind die Folgen dieser Sozialisation durchaus nicht immer positiv: mangelnde Konzentrationsfähigkeit, eingeschränkte kommunikative Kompetenzen, in bestimmten Bereichen eingeschränkte motorische Fähigkeiten sowie die indirekten Auswirkungen wie Bewegungsmangel, Adipositas, vermehrt auftretende Sehschwächen oder ein verstärktes Aggressionspotential, um nur einige zu nennen. Aber vor allem auf die Lesekompetenz hat diese „digitale Sozialisation" großen Einfluss.

Lesekompetenz in Zeiten digitaler Medien

Durch die große Präsenz digitaler Medien in allen Lebensbereichen verändert sich auch das Lesen bzw. verändern sich die Anforderungen an den Einzelnen hinsichtlich seiner Lesekompetenz.

So ist beispielsweise ein deutlicher Zuwachs hinsichtlich des sogenannten kursorischen Lesens festzustellen. Das heißt, es werden weniger zusammenhängende Texte konsumiert als vielmehr kleine Informationshäppchen. Beleg hierfür ist der Aufbau bzw. das Erscheinungsbild diverser Internetseiten, die durch schlaglichtartige Kurztexte eine schnelle Orientierung ermöglichen, den Inhalt auf das vermeintlich Wesentliche reduzieren und somit eine selektive Informationsaneignung zur Folge haben. Dass dies Auswirkungen auch auf andere Medien hat, wie beispielsweise auf Printmedien, ist nicht verwunderlich und in den letzten Jahren deutlich erkennbar. Schaut man sich nur diverse Zeitschriften an, stellt man fest, dass nicht die ausführliche, reflektierende Berichterstattung im Vordergrund steht, sondern die verkürzte, schlaglichtartige Information, unterstützt durch eine Vielzahl meist spektakulärer Bilder.

Für das Lesen komplexer Texte ist das Lesen am Bildschirm nicht unbedingt geeignet; auch wenn der Erfolg von E-Books teilweise ein anderes Bild vermittelt. Der Bildanteil bzw. die Verknüpfung von Bildern mit dem Text wächst immer stärker. Dabei ist die Ergänzung von Texten durch geeignetes Bildmaterial auch sinnvoll. Dennoch entsteht manchmal der Eindruck, dass gerade Sachbücher vor allem für jüngere Kinder einem beinahe schon ausufernden Visualisierungsdiktat bei gleichzeitigem Vereinfachungs- und Verkürzungsdruck unterliegen.

Auffällig ist, dass viele Texte in digitalen Medien mündlichen Texten stark ähneln. Oftmals sind die Texte so geschrieben, wie sie gesprochen worden sind oder wären. Die digitalen Medien ermöglichen eine schnelle und spontane Textproduktion. Dies führt unweigerlich zu einer Verkürzung der Sprache. Dies erkennt man unter anderem an der häufigen Verwendung von Abkürzungen (z. B. „MfG“ – Mit freundlichen Grüßen oder „LG“ – Liebe Grüße / „hdl“ – „hab dich lieb“ usw.), die – in der Regel standardisiert – von den Nutzern sofort verstanden werden. In diesem Sinne ist auch die Verwendung sogenannter Emojis (z. B. 🙂 😜 😳) zu verstehen, die eine deutliche Verkürzung einer Textaussage darstellen.

Auch die Sprache an sich hat sich bei der Textproduktion in digitalen Medien zum Teil deutlich verändert. So sind Wortverkürzungen (aus „haben“ wird „hab“ usw.) und Wortverschmelzungen („war's“ für „war es“ etc.) üblich. Verben werden häufig auf ihren Wortkern reduziert („freu“ für „freuen“oder „lach“ für „lachen“ u. Ä.). Ebenfalls spielen typografische Mittel eine Rolle, zum Beispiel die Großschreibung von besonders zu betonenden Aussagen: „Ich habe ANGST vor dem nächsten Zahnarztbesuch.“ Oder es werden Satzzeichen mehrfach gebraucht, um eine Aussage besonders zu betonen: „Ich mag das nicht!!!!!“ oder „Lass mich in Ruhe!!!!!“. Denkbar sind auch Wiederholungen von Buchstaben, um ein Wort (und damit eine Aussage) besonders hervorzuheben, zu betonen: zum Beispiel „Neeeiiiiin“, „Jaaaaa!“ oder „Du bist einfach suuuuuper!!!!!“. All dies kennzeichnet eine Nähe zur mündlichen Sprache, die in dieser Form Eingang in die schriftliche Kommunikation in digitalen Medien findet. Und dies hat natürlich Auswirkungen auf das Lesen bzw. die Möglichkeiten der Lesekompetenzschulung.

Kennzeichen digitaler Medien

An dieser Stelle möchte ich nun einen kurzen Überblick über die besonderen Kennzeichen digitaler Medien geben, deren Kenntnis für die Rezeption digitaler Texte unverzichtbar ist.

Zweifellos ist die **Interaktivität** eines der herausragenden Kennzeichen digitaler Medien. Interaktivität bedeutet, dass bei den digitalen Medien die Kommunikation nicht einseitig, sondern wechselseitig abläuft. Alle am Kommunikationsprozess Beteiligten können die Kommunikation mitbestimmen. Sie haben Einfluss auf den Inhalt, die Form und den Ablauf der Kommunikation. Es werden digitale Medien genutzt, um zu interagieren. Dabei wählt der Nutzer aus bestimmten, häufig vorgegebenen Navigationsmöglichkeiten aus. Die Aufnahme und das Verstehen von Medieninhalten wird so zum Teil selbst gesteuert. Es besteht für die Nutzer die Möglichkeit, direkt miteinander zu kommunizieren. Sie benutzen dabei E-Mails, Webforen, sie chatten, drehen Videos, schicken sich Nachrichten o. Ä. Kennzeichnend ist, dass die Grenzen zwischen Produzierenden und Rezipierenden fließend sind. Es herrscht eine Art gleichwertiger bzw. gleichberechtigter Kommunikation.

Ein weiteres Kennzeichen digitaler Medien ist die **Multimedialität.** Hierunter versteht man das gleichzeitige Zusammenspiel von verschiedenen Medien: von Schrift, Bild und Ton auf einer digitalen Benutzeroberfläche. Dabei ist die Verknüpfung verschiedener „Zeichenelemente" nicht neu, werden sie doch im Fernsehen oder zum Beispiel auch in Comics angewandt. So lassen sich nicht nur Bilder, Fotos, Illustrationen … in einen Text einbinden. Es sind auch bewegte Bilder (Videosequenzen) mit Textpassagen kombinierbar und erhöhen so nicht nur die Motivation, sich mit einem Thema auseinanderzusetzen, sondern auch die sensorische „Ansprache" durch eine Verknüpfung und Verquickung unterschiedlicher sensorischer Zugänge. Gerade die Kombination zum Beispiel von visuellen und akustischen Signalen erhöht die Chance, dass Informationen, dass Wissen ins Langzeitgedächtnis übergehen. Eine Erkenntnis, die nicht zuletzt für eine Verbesserung der Lesekompetenz genutzt werden kann. Bei zahlreichen Internetseiten wird deutlich, dass neben dem Text häufig andere Elemente, vor allem Bilddarstellungen (Fotos, Illustrationen, Grafiken ...) sowie auch Ton- oder/und Videosequenzen miteinander verknüpft sind. So besteht oft inhaltlich ein sehr enger Zusammenhang zwischen dem Text, also den sprachlichen Zeichen und den genannten nichtsprachlichen Zeichen.

Auch diese mehrkanalige Darbietung von Informationen erhöht die Chance des Verstehens beim Nutzer. Ein weiteres Kennzeichen digitaler Medien ist ihre **Virtualität.** In ihnen können die Inhalte der Kommunikation durchaus ohne Bezug zur Realität, also virtuell, dargeboten werden. Dabei erwecken sie jedoch den Eindruck, als seien sie real. Technische Bearbeitungen von Text, Bild und Ton eröffnen zahlreiche Möglichkeiten der Informationspräsentation und damit der Wirklichkeitsdarbietung und -veränderung. Diese beinhalten leider auch die Möglichkeit der Manipulation von Daten und damit von Wirklichkeit. Bei der Rezeption digitaler Inhalte muss immer wieder nach ihrer Herkunft, Echtheit und Vertrauenswürdigkeit gefragt werden. Hier ist eine kritische Medienkompetenz gefragt.

Zu den weiteren Kennzeichen digitaler Medien gehört ihre **Vernetzung.** Darunter ist die Verbindung von Computern mit weltweiten Netzen gemeint. Vor allem erlaubt diese Vernetzung eine ungeheure Geschwindigkeit von Kommunikation und eine Kontaktaufnahme, unabhängig von Grenzen und Orten. Schließlich sind digitale Medien durch ihre Entlinearisierung gekennzeichnet. Hiermit ist der Gebrauch von sogenannten Hyperlinks gemeint, also von speziell markierten Textstellen, Grafiken oder Schaltflächen, mit denen man zu einem anderen Text gelangen kann. Mit Hyperlinks lassen sich weitere Informationen auf derselben Webseite oder auf anderen Webseiten bzw. anderen digitalen Textdokumenten erschließen.

Zusammenfassend lässt sich feststellen, dass die digitalen Medien sich nicht nur deutlich von traditionellen schriftlichen Medien unterscheiden, sondern darüber hinaus eine Reihe von Möglichkeiten eröffnen, die zum Beispiel mit der Nutzung herkömmlicher Printmedien nicht realisierbar sind. Hier denke ich nicht nur an die beschleunigte Informationsbeschaffung, sondern zum Beispiel auch an die beschriebene Verknüpfung unterschiedlicher sensorischer Zugänge, die zweifellos die Informationsaufnahme und -verarbeitung verbessern.

Verändertes Lesen

Es liegt auf der Hand, dass diese veränderten textlichen Kommunikationsformen auch Einfluss auf das Lesen nehmen. So wirkt sich diese Veränderung nicht nur auf die Leseinhalte aus, sondern auch auf die Art und Weise des Lesens. Der Leseprozess erfolgt nicht wie bei früher üblichen Print-Texten (z. B. einem Roman, einem Aufsatz, einer Reportage) linear (man liest einen Text von Anfang bis zum Ende, also von vorne nach hinten), sondern man nutzt zum Beispiel die Möglichkeit, – wie bereits ausgeführt – Hyperlinks anzuklicken, um Zusatzinformationen (Hintergrunderklärungen, historische Informationen, biografische Angaben, aktuelle Entwicklungen etc.) zum gerade Gelesenen zu erhalten. Bei digitalen Texten wird also häufig nicht linear gelesen, sondern nach einer zunächst ganzheitlichen Wahrnehmung vorwiegend kursorisch. Das heißt, der Nutzer nimmt zunächst das gesamte Informationsangebot (Text, Bilder, Grafiken ...) wahr. Danach erfolgt oftmals ein punktuelles Lesen einzelner Textteile und die Beschäftigung mit anderen Informationsteilen (z. B. Bilder). Nicht selten – gerade durch die Einbindung von Hyperlinks – erfolgt der Leseprozess sprunghaft. Sozusagen in Einzeldosen setzt sich der Leser seine Informationen zusammen. Dass diese Art des Lesens vor allem für eher informierende Texte u. Ä. gilt und nicht für das Lesen eines literarischen Textes (z. B. Roman), ergibt sich aus der jeweiligen Besonderheit der Textform. Ein besonderes Kennzeichen beim Lesen digitaler Texte und der „Nutzung“ von Hyperlinks ist die Unterbrechung des Leseflusses. Der Leser muss immer wieder neu entscheiden, welchen Leseweg er einschlagen möchte. Dies wirkt sich sicherlich positiv auf die Vielfalt und Qualität der Informationsaneignung aus. Ob dies das Lesevergnügen erhöht, ist fraglich, wobei das ja sowieso vorwiegend bei unterhaltenden, literarischen Texten von Bedeutung ist.

Es ist wichtig festzuhalten, dass die digitalen Medien keinesfalls die Lesekompetenz des Nutzers überflüssig machen. Ganz im Gegenteil: Angesichts der beschriebenen neuen Herausforderungen, die an den Leser gestellt werden, ist die Lesekompetenz auf allen Ebenen unverzichtbar. Das heißt, nicht nur das flüssige Lesen sollte beherrscht werden (alleine schon, um mit der Informationsflut in einer angemessenen Zeit einigermaßen umgehen zu können), sondern das Beherrschen vor allem des verstehenden, des sinnentnehmenden Lesens ist wichtiger denn je. Hinzu kommt, dass beim digitalen Lesen ja noch andere Fertigkeiten gefordert sind, wie zum Beispiel die Decodierfähigkeit von Bildern, Fotos, Grafiken, Videos etc. sowie die Einbeziehung der Hyperlinks mit ihrer Informationsvielfalt, durch die die rein schriftlichen Texte angereichert sind. Es ist erforderlich, dass der Nutzer alle für ihn relevanten Informationen entnehmen, zueinander in Beziehung setzen und verarbeiten kann. Der Nutzer digitaler Medien muss sich mit deren Kommunikationseigenheiten auskennen, die spezifische Sprache verstehen und sie seinen Zwecken und Anforderungen gemäß interpretieren können. Eine Rolle spielt hier auch die Fähigkeit, in der Informationsflut den Durchblick zu behalten und in der Lage zu sein, die seriösen von den unseriösen, die relevanten von den nicht relevanten Informationen unterscheiden zu können.

Diese Anforderungen machen deutlich, dass zum Beispiel eine geeignete, zielführende und damit erfolgreiche Internetrecherche immer auch ein hohes Maß an analytisch-kritischer Kompetenz erfordert. An dieser Stelle wird die Notwendigkeit einer kritischen Medienerziehung besonders deutlich.

Nicht zu vernachlässigen ist der Aspekt der Motivationszunahme, der mit der „Präsentation“ von Texten in digitalen Medien vor allem bei jungen Leserinnen und Lesern festzustellen ist. Vor allem Jungen scheinen sich in besonderer Weise von dieser Form der Inhaltsvermittlung angesprochen zu fühlen. Da Jungen meist weniger leseaffin sind, bieten sich hier zweifellos Chancen, eine sinnvolle Lesekompetenzschulung zu initiieren.

Gerade im beruflichen Kontext ist die Dominanz digitaler Medien allgegenwärtig. Kaum ein Berufszweig kommt noch ohne den Einsatz von Computer und Internet aus. So ist im Arbeitsleben das sogenannte reagierende Lesen weit verbreitet. Das heißt, das Lesen und die Beantwortung von Mails, von Kurznachrichten etc. stehen im Vordergrund. Auch das informatorische Lesen ist von großer Bedeutung. Schnell und zielgerichtet werden Informationen zur Kenntnis genommen, gefiltert und „verarbeitet". Nicht zu unterschätzen ist der häufig anzutreffende enorme Zeitdruck im beruflichen Alltag, der nicht zuletzt durch den Einsatz digitaler Medien erzeugt bzw. verstärkt wird. Auf der anderen Seite ermöglichen diese Medien auch ein sehr viel schnelleres Reagieren und das rasante Erledigen von Arbeitsabläufen.

Eine nahezu flächendeckende Verbreitung hat die Nutzung von Internet und Co. im privaten Bereich gefunden. Kaum noch ein Erwachsener verzichtet in seinem Privatleben auf die Nutzung von Smartphone, Tablet bzw. PC. Einen besonders hohen Stellenwert nimmt hier vor allem das Smartphone ein, besonders auch bei Jugendlichen und zunehmend mehr auch bei Kindern. Diese Geräte dominieren in zunehmendem Maße das Kommunikationsverhalten von jungen Leuten, bestimmen deren Teilhabe an der zwischenmenschlichen sowie auch öffentlichen Kommunikation. So dienen Smartphones neben der Kommunikation mit Gleichaltrigen vor allem auch der Bereitstellung von Musik, Filmen, Neuigkeiten aus der Welt des Sports usw. Herkömmliche Medien, wie zum Beispiel das Fernsehen oder die Zeitung, verlieren bei den jungen Leuten immer mehr an Bedeutung. Die Unabhängigkeit, die ihnen das Internet hier bietet, schätzen sie sehr. Auch sind sie bei der Nutzung ihres Smartphones sehr viel weniger einer sozialen Kontrolle, zum Beispiel durch die Eltern, unterworfen. Dass die ungehinderte und ausufernde Nutzung digitaler Medien im Privat- bzw. Freizeitbereich auch negative Folgen mit sich bringt, darf nicht verschwiegen werden. Vereinzelung, Zugang zu persönlichkeitsverändernden bzw. psychologisch schwierig zu bewältigenden Internetinhalten, die Gefahr der Sucht, zahlreiche körperliche Begleiterscheinungen, die Vernachlässigung von Familie, Freunden, der Schule etc. sowie das immer mehr zum Problem werdende Cybermobbing lassen sich hier nennen und in unterschiedlicher Ausprägung in allen Gesellschaften beobachten, in denen die digitalen Medien Einlass gefunden haben und das Leben der jungen Leute zu einem großen Teil bestimmen. Hier müssen Elternhaus und Schule Mittel und Wege finden, neben einer notwendigen Vermittlung von Medienkompetenz die unter Umständen persönlichkeitsgefährdenden und auch die körperlichen bzw. gesundheitlichen Auswirkungen von ungezügelter digitaler Mediennutzung zu unterbinden oder zumindest zu reduzieren.

Angesichts dieser zahlreichen „Risiken und Nebenwirkungen“ der Nutzung digitaler Medien und natürlich auch der Tatsache, dass sie aus unserem Leben nicht mehr wegzudenken sind, bedarf es einer „gesteuerten“ Nutzung bzw. der gezielten und professionellen Vermittlung von Medienkompetenz.

Zwei Säulen der Lesekompetenz:

Leseflüssigkeit und Leseverstehen

Zwei Fertigkeiten stehen beim Erwerb der Lesekompetenz im Vordergrund. Das ist einmal die Leseflüssigkeit, die ein sicheres Decodieren von Buchstaben und Worten sowie die Verknüpfung von Worten miteinander zu einem Satz voraussetzt (Lesetechnik). Nachdem also die Lesefähigkeit erworben wurde, ist die Verbesserung der Leseflüssigkeit ein wichtiges Ziel. Zum anderen ist das Leseverstehen grundlegend, also die Fähigkeit zum verstehenden, sinnentnehmenden Lesen.

Hiermit wird die lesetechnische Basis gelegt, auf der eine sinngebende bzw. sinnentnehmende Lektüre eines Textes erfolgen kann. Dabei sollen nicht nur die Lesefertigkeiten auf der Buchstaben-, Wort- und Satzebene verbessert werden, sondern auch die Wortbedeutungen ebenso sicher und schnell zugeordnet werden können. Weiterhin wird die Fähigkeit geschult, einen Text mit einer angemessenen Geschwindigkeit lesen und dabei sinngebend betonen zu können.

Zur Leseflüssigkeit gehört, dass ein Text ohne Mühe wie selbstverständlich gelesen werden kann. Der Lesende muss in der Lage sein, einen Text automatisiert, genau und schnell, aber auch sinnentsprechend lesen zu können. Es ist davon auszugehen, dass verstehendes Lesen erst möglich ist, wenn die Leseflüssigkeit ausgeprägt ist. Leser, die Wörter schnell erkennen und genau lesen können, lesen sicherer und verlesen sich seltener. Sie sind meist in der Lage, Fehler, die sie gemacht haben, zu erkennen und selbstständig zu korrigieren. Wichtig ist, dass der Leseprozess automatisiert abläuft, also das Decodieren der Wörter und Sätze wie selbstverständlich einhergeht mit einem sicheren Erfassen und demzufolge sicheren Lesen eines Textes.

Leseflüssigkeit ist selbstverständlich mit einer gewissen Lesegeschwindigkeit verbunden. Dabei ist festzuhalten, dass schnelles Lesen nicht das Leseverstehen behindert, sondern – im Gegenteil – dass sie es verbessert.

Leseförderung in der Schule

Lesekompetenzschulung – wichtig in allen Fächern

Für den Erwerb von Lesekompetenz in der Schule spielt die Auswahl der Texte eine nicht zu unterschätzende Rolle. Schließlich sind es die Inhalte eines Textes, die auf die Kinder eine große Motivation ausüben (können). Sie sollen möglichst lebensnah, das heißt, auf die Lebenswelt der Kinder zugeschnitten sein. Texte mit besonders interessanten Themen, spannende, lustige, unterhaltsame … Texte helfen dabei, das Interesse für das Lesen zu wecken bzw. die Lesemotivation zu steigern.

Hinzu kommt, dass die Texte dem aktuellen Leseniveau der Schülerinnen und Schüler entsprechen müssen, obwohl dies manchmal in einer Lerngruppe sehr unterschiedlich sein kann.

Leseförderung soll möglichst fächerübergreifend fest im Unterricht verankert werden. Dies stellt nicht nur eine Herausforderung für den Unterricht in allen Fächern dar, sondern ermöglicht auch, die Kinder mit Texten aus dem jeweiligen „Fachgebiet“ zu konfrontieren und somit auch gleichzeitig besonders interessante Inhalte anzubieten.

Lautlesemethoden für die ganze Klasse

Unter anderem nach der IGLU-Studie hat sich ein zwanzigminütiges, drei- bis fünfmaliges „Lautlese-Training" pro Woche bewährt. Besonders positive Erfahrungen wurden hiermit im Stadtstaat Hamburg („Hamburger Leseband") gemacht. Es konnte nachgewiesen werden, dass das genannte Lesetraining die Lesekompetenz deutlich stärkt. Dekodierfähigkeit, flüssiges Lesen und sinnverstehendes Lesen, also das Leseverständnis, nahmen nach einer gewissen Zeit des regelmäßigen Übens nachweislich zu.

Eine besondere Bedeutung und erfolgversprechend bei der Leseförderung ist – wie gesagt – das Lautlesen. Wie dies im Unterricht realisiert werden kann, wird hier nun vorgestellt.

Eine wichtige Voraussetzung für die Planung und Durchführung gezielter Lesekompetenzförderung in der Schule stellt eine seriöse Ermittlung der aktuellen Lesefähigkeit der jeweiligen Lerngruppe dar. Hierzu gehören vor allem die Ermittlung der Lesegeschwindigkeit und der Lesegenauigkeit. Eine relativ einfach zu realisierende Maßnahme zur Ermittlung der Lesefähigkeiten in der Klasse, die auch als Vorbereitung auf geeignete Lesemethoden dient, kann folgendermaßen aussehen: Jede Schülerin, jeder Schüler liest eine bestimmte Zeitlang (zum Beispiel eine Minute) den gleichen Text vor. Die Lehrkraft protokolliert die Leseergebnisse, indem sie alle falsch oder ungenau bzw. stockend gelesenen Wörter erfasst. Nachdem alle Kinder der Klasse diesen „Test" absolviert haben, wird sie in zwei Hälften eingeteilt: Die eine Hälfte besteht aus den „stärkeren" und die andere aus den „schwächeren" Leserinnen und Lesern. Etwa alle vier bis fünf Wochen sollten die Lesekompetenzen der Kinder neu ermittelt werden. So kann die Entwicklung der Lesekompetenz bei den einzelnen Schülerinnen und Schülern relativ konkret festgestellt werden. Fortschritte sowie bestehende Probleme werden sichtbar. Anschließend können gegebenenfalls neue Lesepartner oder -gruppen zusammengestellt werden.

Im Folgenden werden verschiedene Lautlese-Methoden vorgestellt, die Bestandteil der regelmäßigen (möglichst täglichen) zwanzigminütigen Leseförderaktivitäten sein sollen und besonders für den Unterricht mit der ganzen Klasse geeignet sind:

- Tandemlesen
- chorisches Lesen
- Würfellesen
- Dialogtexte lesen / Vorlesetheater
- Hörbuchlesen (gleichzeitiges Lesen und Hören)

Grundsätzlich gilt für die Anwendung all dieser Methoden die bereits genannte Lesezeit von 20 Minuten, die an mindestens drei Tagen, besser täglich, im Unterricht genutzt werden soll. Bei der Auswahl der Texte ist es wichtig, dass sie einen überschaubaren, für möglichst alle Schülerinnen und Schüler zu bewältigenden Umfang nicht überschreiten. Etwa 200 bis 300 Wörter sollten die jeweiligen Übungstexte umfassen. So sind die Kinder in der Lage, diese Texte innerhalb der zwanzigminütigen Lesezeit mehrfach zu lesen. Wichtig ist auch, dass der Schwierigkeitsgrad der Texte kontinuierlich zunehmen soll: Also vom einfachen bis zum schwierigen Text sollte die Textauswahl erfolgen. Gerade am Anfang müssen einfache Texte mit bekannten Wörtern gewählt werden. Dadurch beugt man Verständnisproblemen vor.

Tandemlesen

Der Begriff „Tandemlesen“ beschreibt bereits die Grundstruktur dieser Leselernmethode: Es arbeiten immer zwei Kinder gemeinsam, als Tandem eben. Aus den obengenannten „stärkeren“ und „schwächeren“ Leserinnen und Lesern, so wie es der Test ermittelt hat, werden nun Tandems gebildet, in denen ein Schüler als „Trainer“ und der andere als „Sportler“ fungiert. Bei der Zusammenstellung der Paare sollte darauf geachtet werden, dass möglichst nicht der ganz besonders „starke“ mit dem ganz besonders „schwachen“ Leser ein Tandem bildet. Besser ist es, das Leistungsgefälle innerhalb eines Tandems nicht zu groß sein zu lassen. So bietet es sich an, dass das lesestärkste Kind aus der ersten Gruppe („starke“ Leser) zum Trainer des lesestärksten Kindes aus der zweiten Gruppe („schwache“ Leser) wird.

Die Arbeit der Lesetandems gestaltet sich folgendermaßen:

Jedes Tandem erhält einen Text. Beide lesen diesen Text gemeinsam, und zwar laut. Das Lautlesen hat den Vorteil, dass Fehler direkt sichtbar (bzw. hörbar) werden und so sofort korrigiert werden können. Der Trainer fährt dabei mit dem Finger den Text nach. So passt er sich dem Lesetempo des Sportlers an. Der Trainer hat die Aufgabe, Fehler des Sportlers zu korrigieren. Bei einem Fehler wird der Satz noch einmal neu gelesen und das falsch gelesene Wort bzw. die falsch gelesenen Wörter verbessert. Nun signalisiert der Sportler dem Trainer, ob er sich beim weiteren Lesen sicher fühlt und liest allein weiter. Der Trainer liest nur noch leise mit, bis der Sportler einen Fehler macht. Erst dann greift der Trainer wieder ein und korrigiert den Fehler. Anschließend wird wieder gemeinsam gelesen, bis der Sportler das Zeichen gibt. Dann kann der Sportler wieder allein weiterlesen. Es ist wichtig, dass der Trainer den Sportler lobt, wenn dieser den Text nun richtig gelesen hat. Der Text wird insgesamt viermal in dieser Art und Weise gelesen. Dieses relativ häufige Wiederholen ermöglicht es, dass sich die Wörter beim Lesenden (dies gilt natürlich vor allem für den Sportler) besser einprägen. Auch wird dadurch erreicht, dass diese Wörter, wenn sie in anderen Texten auftauchen, leichter dekodiert werden können.

Es ist durchaus denkbar, dass nach einigen Wochen – nach einer erneuten Ermittlung der aktuellen Lesefähigkeiten – die Rollen von Trainern und Sportlern anders besetzt werden. Wichtig ist es, den Kindern klarzumachen, dass nicht der „Platz“ in der Gruppe entscheidend ist, sondern die gemeinsame Arbeit des Tandems.

Beispiel: Text für Lesetandems

Tina tobt

170 Wörter

GeSCHICHTeN

Tina hat verschlafen.
So ein Mist!, denkt Tina.
Sie muss ohne Frühstück los.
Das darf nicht wahr sein!
Tina sieht vom Schulbus nur noch die Rücklichter.
Tina kommt zu spät. Die Lehrerin schimpft.
Tina bekommt Bauchweh.
Tina muss an die Tafel. Sie soll Aufgaben rechnen.
Tina weiß nicht weiter.
Sie schreiben ein Diktat. Tina ist total aufgeregt.
Sie hat gestern nicht geübt.
Tina will bei Murat abschreiben.
Aber Murat lässt sie nicht. Das findet Tina gemein.
In der großen Pause wird Tina geschubst.
Sie fällt auf den Boden.
Das Knie brennt und blutet.
Sie sitzt da und weint. Niemand hilft Tina.
Alles geht schief, denkt Tina: verschlafen, Bus weg,
zu spät, doofes Diktat, blutiges Knie …
Tina wird aufgerufen.
Sie hat nicht aufgepasst.
Herr Müller ermahnt Tina.
Tina kommt nach Hause.
Mama sieht Tina an und fragt: „Hast du schlechte Laune?“
Tina schimpft und schreit: „Alles geht heute schief, alles!“
Tina schreit und tobt.
„Arme Tina“, sagt Mama. Sie nimmt Tina in den Arm.
„Komm, wir gehen Eis essen.“

von Maria Schmetz

BVK • Maria Schmetz: Lesetandems und chorisches Lesen 2. Klasse

8

Chorisches Lesen

Auch hierbei kennzeichnet der Begriff bereits das wesentliche Element dieser Methode: Leseübung in Form eines gemeinsamen – chorischen – „Vortrags".

Zunächst liest die Lehrkraft als „Lesechef" beim chorischen Lesen den Text einmal vor. Anschließend wird er von der gesamten Klasse gemeinsam, wie von einem Chor, gelesen. Die Lehrkraft liest mit und bestimmt das Tempo des Lesens. Es ist sehr hilfreich, wenn die Lehrkraft zu Beginn des chorischen Lesens den Startschuss zum Beispiel mit einem Countdown („… drei, zwei, eins!") oder wie bei einem Start bei einem Laufwettbewerb („Achtung – fertig – los!") gibt. So kann sichergestellt werden, dass alle Kinder auch im Gleichklang lesen. Beim Lesen im Chor muss darauf geachtet werden, dass das einzelne Kind nicht zu laut liest, damit es auch die Lehrkraft noch hören kann. Beim Lesen verfolgen die Kinder den Text mit dem Finger. Auf ein Pausensignal hin (z. B. „Stopp", „Pause", „Ruhe" … – oder auch ein Zeichen mit einer Klingel) wird der Chor unterbrochen, um zum Beispiel eine Seite umzublättern oder auch, um auf schwierige Textstellen hinzuweisen bzw. Schwierigkeiten beim bisherigen „Vortrag" zu besprechen. Auch dient eine Pause dazu, dass wieder alle Kinder (sollte ein Kind einmal den Anschluss verloren haben) an die gleiche Stelle im Text „springen" können. Es ist auch möglich, dass anstelle der Lehrkraft ein Kind, das idealerweise besonders gut lesen kann, die Rolle des Lesechefs übernimmt. Es ist sinnvoll, die noch bestehenden Leseprobleme nach der Leseübung in der ganzen Lerngruppe zu besprechen.

Beispiele: Texte für chorisches Lesen

Der Gepard

177 Wörter

Der Gepard kommt heute nur noch in kleinen Teilen Afrikas und Asiens vor.
Am liebsten leben Geparde im hohen Gras.
Auf kleineren Hügeln halten sie Ausschau nach Beute.

Der Gepard hat viele Flecken auf seinem Fell.
Diese sind klein und ganz schwarz.

Das Gesicht des Geparden hat keine Flecken.
Dafür hat er von jedem Auge bis zum Mundwinkel einen schwarzen Streifen.
Das sind die Tränen-Streifen.

Durch die Flecken ähnelt der Gepard dem Leoparden und dem Jaguar.
Sein Körper sieht aber ganz anders aus als bei allen anderen Katzen.
Der Gepard ist sehr schlank und hat lange, dünne Beine.

Er hat im Vergleich zu anderen Katzen auch einen sehr kleinen Kopf
und einen recht langen Schwanz.
Ein weiterer Unterschied ist,
dass der Gepard seine Krallen nicht ganz einziehen kann.

Der Gepard ist das schnellste Säugetier an Land.
Er kann bis zu 100 Kilometer pro Stunde schnell rennen.
Da könntest du mit deinem Fahrrad nicht mithalten.
Diese Geschwindigkeit kann der Gepard aber nur für kurze Zeit halten.
So schnell rennt er zum Beispiel hinter seiner Beute her.

SachTexte

von Aileen van Lipzig

30

Die Polizei

147 Wörter

Polizisten nennt man auch Ordnungshüter, weil sie zum Beispiel in der Stadt für Ordnung sorgen. Sie achten darauf, dass die Gesetze eingehalten werden, regeln den Verkehr, zeigen Schulkindern den sichersten Weg und geben Autofahrern einen Strafzettel, wenn sie zu schnell fahren.
Man kann Polizisten aber auch nach dem Weg fragen oder sich an sie wenden, wenn man Hilfe braucht.

Die Polizei kommt nicht nur, wenn man sie ruft, sie fährt auch Streife.
Das bedeutet, dass Polizisten in Autos, auf Motorrädern oder Fahrrädern durch die Stadt fahren und prüfen, ob alles in Ordnung ist.

Wenn die Polizei schnell zu einem Notfall muss, wie zu einem Unfall oder zu einem Verbrechen, dann darf sie das Blaulicht und die Sirene einschalten.
Die Sirene nennt man nach ihrem Erfinder Herrn Martin auch Martinshorn.
Dann darf die Polizei sogar über rote Ampeln fahren und alle anderen Verkehrsteilnehmer müssen Platz machen.

SachTexte

von Sandy Willems-van der Gieth

Bienen-Sprache

212 Wörter

Bienen unterhalten sich durch verschiedene Tänze. Zwei besonders wichtige Tänze sind der Rundtanz und der Schwänzeltanz. Beide werden auf den Rändern der Waben im Bienenstock getanzt. Die Waben geraten dadurch in Schwingung. Bienen erzählen den anderen Arbeiterinnen so, wo es eine tolle Futterquelle gibt.

Wenn die Futterstelle weniger als 100 Meter vom Bienenstock entfernt liegt, tanzt die Biene den Rundtanz. Dabei läuft sie abwechselnd rechtsherum und linksherum im Kreis. Je länger und schneller sie tanzt, desto besser ist die Futterquelle. Bei diesem Tanz gibt die Biene den anderen Sammelbienen keine Richtung vor. Sie folgen einfach der Tänzerin nach dem Tanzen.

Mit dem Schwänzeltanz zeigt eine Biene den anderen Bienen weiter entfernte Futterstellen. Diese können 100 Meter bis drei Kilometer vom Bienenstock entfernt sein. Sobald eine Biene von einer Futterquelle in den Bienenstock zurückkommt, tanzt sie eine Acht und wackelt mit dem Hinterteil. Je schneller die tanzende Biene mit ihrem Hinterteil wackelt, desto besser ist die Futterquelle. Je länger die Biene tanzt, desto weiter ist diese entfernt. Während des Tanzens orientiert sie sich am Stand der Sonne.
In der Richtung, in die die Biene tanzt, befindet sich die Futterquelle.
So finden die anderen Bienen das Futter. Durch das Tanzen verbreitet sich auch der Duft der Blüte, der am Körper der Biene haftet.

SachTexte

30

Würfellesen

Als Sonderform des chorischen Lesens hat sich das sogenannte Würfellesen als spielerisches Lautleseverfahren bewährt. Damit alle Kinder möglichst schnell verstehen, wie das Würfellesen funktioniert, sollte die Lehrkraft mit einer kleinen Gruppe von Kindern diese Methode erst einmal in der Klasse vorführen.

Beim Würfellesen werden möglichst heterogene Kleingruppen von drei bis sechs Kindern gebildet. So sollten sich in jeder Gruppe mindestens zwei lesestärkere und zwei leseschwächere Kinder befinden. Selbstverständlich müssen die Texte von ihrer Schwierigkeit her für die jeweilige Kindergruppe geeignet sein. Die zur Verfügung gestellten Texte müssen in etwa gleich lange Abschnitte unterteilt sein, damit die Textmenge für jedes Kind möglichst gleich ist.

Jedes Kind bekommt einen Text und jede Lesegruppe einen Lesewürfel. Er ist mit je zweimal „ICH", „DU" und „WIR" beschriftet. Das Würfellesen kann nun beginnen: Jedes Kind liest seinen Text erst einmal für sich allein. Dabei notiert es schwierige Wörter, die anschließend in der Kleingruppe besprochen werden. Nun wird gewürfelt. Wer zuerst würfeln darf, wird nach selbst festgelegten Regeln bestimmt (z. B. das jüngste Kind oder das Kind mit der größten Schuhgröße … beginnt). Wenn der Würfel das Wort „ICH" zeigt, liest das Kind, das gewürfelt hat, den ersten Abschnitt seines Textes. Alle anderen Kinder der Gruppe lesen still mit. Würfelt es das „DU", bestimmt es, welches Kind den Text lesen soll. Dieses Kind liest den ersten Abschnitt des Textes und anschließend noch den zweiten Abschnitt. Auch hier lesen wieder alle Kinder still mit. Wird das „WIR" gewürfelt, lesen alle Kinder den Text gemeinsam halblaut.

Nun folgt der nächste Durchgang: Das nächste Kind würfelt und entscheidet damit, wer lesen soll: „ICH“, „DU“ oder „WIR“. Auf jeden Fall wird zuerst noch einmal gemeinsam der Text aus der vorherigen Runde gelesen. Erst dann ist der zweite Abschnitt an der Reihe. Insgesamt erhöht sich die Länge der vorzulesenden Texte. Von Spielphase zu Spielphase werden immer mehr Textabschnitte erschlossen. Schließlich wird am Ende der gesamte Text noch einmal von allen Kindern halblaut vorgelesen.

Beispiele: Texte für Würfellesen

Besuch bei der Hexe (1)

196 Wörter

Ich
Du
Wir

KLAPPERGASSE 13

Mia presst Berti fest an die Brust.
Sie schleicht hinter der Hexe her.
Die Hexenwohnung sieht gemütlich aus.
An den Wänden hängen bunte Bilder.
„Das ist moderne Kunst“, sagt die Hexe.
„Mein Mann war Maler, als er noch lebte.“

Dann kommt die Hexe aus der Küche.
Sie bringt Kakao und Kekse mit.
Mia probiert vorsichtig. Hm, schmeckt gut!
Sie legt Berti neben sich auf das Sofa.

„Oh, dein armer Teddy!“, sagt die Hexe.
Ihre Stimme klingt freundlich und weich.
Ob Frau Maschulke doch keine Hexe ist?
Die alte Frau schaut Berti genau an.

19

Rätselhafte Nachrichten (1)

296 Wörter

Ich
Wir
Du

Ben konnte es nicht glauben.
Er hatte immer noch nicht die Pläne seines Vaters gefunden!
Fast drei Monate lang hatte Ben in dem Arbeitszimmer
zwischen den alten Unterlagen gesessen und alles durchgesehen.

Sein Vater war schon seit zwei Jahren im Ausland.
Angeblich als Professor an einer tollen Schule in England.
Ben war sich da nicht so sicher.
Vielleicht war sein Vater auf einer geheimen Expedition?

Warum sonst bekam er immer diese Postkarten
von seinem Vater mit Rätseln und Hinweisen?
Die letzte Karte war allerdings schon drei Monate her.
Und seitdem versuchte Ben, den Hinweisen zu folgen.

Auf der letzten Postkarte standen die entscheidenden Sätze.
Davon war Ben überzeugt.
Wenn er nur wüsste, was sie bedeuten sollten:
Holz enthält nicht nur Würmer.
Glas kann nichts verbergen.

Ziemlich verzweifelt schaute sich Ben im Arbeitszimmer um.
Hatte er schon diesen Bücherstapel untersucht?
Bestimmt schon viermal, zuletzt heute Morgen.
Und diesen Holzschrank? Ja, gestern erst.

25

Heldenhaft (1)

297 Wörter

Ich
Wir
Du

Ayla war weder besonders groß
noch besonders stark oder sportlich.
Generell war Ayla sehr vorsichtig und zurückhaltend.
Sie war ein schüchternes Mädchen,
das am liebsten nirgendwo auffiel.

Das unterschied sie sehr von den Helden in den Comics,
die sie gerne las.
Die waren groß, stark und sportlich.
Jeder dieser Helden war unfassbar mutig.

In einem war Ayla sich also ganz sicher:
Sie war keine Heldin und sie konnte auch keine sein.
Meistens war sie trotzdem sehr zufrieden mit sich.
Sie musste keine Heldin sein.

Manchmal, wenn sie abends den Comic
in die Nachttischschublade schob,
sehnte sie sich trotzdem danach,
ein kleines bisschen mutiger zu sein.

Heute war ihr Wunsch danach besonders groß.
Schuld daran war nur die Katze,
die auf den Baum im Vorgarten geklettert
und nicht mehr heruntergekommen war.

Geschlagene zehn Minuten hatte Ayla unten gestanden,
hochgesehen und versucht,
genug Mut aufzubringen.
Sie wollte hinaufklettern
und der Katze herunterhelfen.
So hoch war der Baum gar nicht,
aber sie traute sich einfach nicht!

Dialogtexte lesen / Vorlesetheater

Hierbei ist natürlich bei der Auswahl der Übungstexte darauf zu achten, dass sie tatsächlich auch Dialogtexte enthalten. Beim Dialoglesen bzw. beim Vorlesetheater werden die Texte abwechselnd gelesen. Dabei ist es möglich, diese Übung als Partnerübung (der Text besteht aus zwei Sprechrollen) oder Gruppenübung (der Text besteht aus mehr als zwei Sprechrollen) durchzuführen.

Die Textauswahl ist möglichst so zu treffen, dass in den zwanzig Minuten Lesezeit die einzelnen Texte mehrmals hintereinander gelesen werden können. Es ist auch möglich, die Rollen während der Leseübung zu tauschen. Die Kinder bilden Kleingruppen und erhalten einen Text mit mehreren Sprechrollen. Nun übernimmt jedes Kind – möglichst entsprechend seiner Lesefähigkeit – eine Sprechrolle. Es übt diesen Text erst einmal allein. Die eigene Sprechrolle wird mit einem bunten Stift gekennzeichnet.

Nun üben die Kinder der Gruppe, den Text gemeinsam zu lesen. Anschließend können Besonderheiten des Textes, die zum Beispiel für die Betonung (Intonation, Ausdruck ...) beim Vorlesen wichtig sind, besprochen werden. Beim anschließenden Vorlesen des gesamten Textes der Gruppe ist ein ausdrucksstarker Vortrag das Ziel. Beim Dialoglesen ist besondere Konzentration gefordert, da der Einsatz zum Lesen nicht verpasst werden darf. Schließlich soll auch die erzählte Handlung nachvollzogen werden können. Es ist darauf zu achten, dass alle Kinder alle Texte, die von anderen vorgelesen werden, leise mitlesen.

Es bietet sich an, nach der Übung das Textverständnis durch ein Gespräch oder Fragen zu überprüfen.

Beispiele: Texte für Dialogtexte / Vorlesetheater

Die Reise

Rollen: Schwalbe Mara • Amsel Theo • Spatz Ernie

Theo: Hallo Mara! Wie geht es dir? Wie geht es deiner Familie?

Mara: Danke gut, aber wir haben noch sehr viel zu tun.

Theo: Das kann ich mir gut vorstellen. Ihr habt ja auch eine weite Reise vor euch.

Mara: Ach ja, jedes Jahr um diese Zeit ist es wieder ein großes Durcheinander.

Theo: Warum denn?

Mara: Das Nest muss noch aufgeräumt werden, damit wir es im nächsten Frühjahr sofort wieder beziehen können. Ich muss auch noch die Kinder füttern, bevor es endlich losgeht.

Theo: Arme Mara! Werden die Kinder denn auch die weite Strecke schaffen?

Mara: Ich denke schon, wir sind schon sehr viele Kilometer zusammen geflogen und haben uns gut vorbereitet.

Ernie: Hallo, ihr beiden! Wie geht's?

Theo: Gut. Mara und ihre Familie bereiten sich gerade auf die große Reise in den Süden vor.

Ernie: Ihr habt es gut! Ihr fliegt einfach dorthin, wo es im Winter schön warm ist. Wir müssen hier zu Hause bleiben und frieren. Und Futter gibt es auch zu wenig!

13

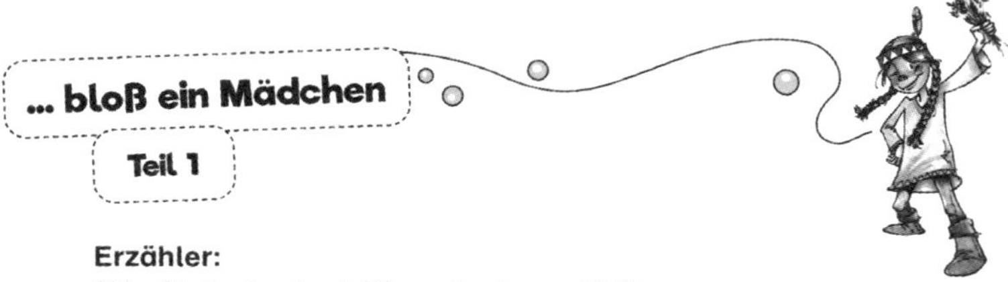

Erzähler:
Birkenblatt sah sehnsüchtig zu den Jungen hinüber,
die heute wieder einmal mitten im Dorf spielten.

1. Junge:
Gib ab! Schneller ...

2. Junge:
Jetzt musst du den Pass schießen!

Birkenblatt:
Warum bin ich bloß ein Mädchen?
Ich würde zu gerne auch einmal mitmachen.

1. und 2. Junge zusammen:
Tor! Tor! Tor!

Erzähler:
Der offene Eingang eines Tipis bildete das Tor.
Und kaum war der kleine Ball dort hineingeflogen,
da kam Elchkuh, Birkenblatts Tante,
auch schon herausgestürmt.

Elchkuh:
Ihr Lausejungs! Was fällt euch ein?
Ich habe nichts dagegen,
dass ihr meinen Zelteingang als Tor benutzt,
aber ich habe etwas dagegen,
dass ihr den Ball in meinen Suppentopf schießt!
Ihr wisst doch, dass wir Hunger leiden,
weil die Büffelherden in diesem Frühjahr nicht kommen wollen.
Also tut etwas Sinnvolles. Geht Fische fangen.

Erzähler:
Birkenblatt sah zu,
wie ihr Bruder Wolfsjäger seine Bande zu sich rief.

35

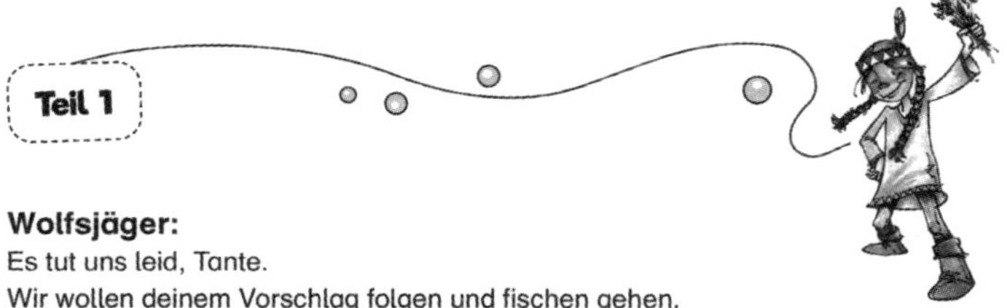

Wolfsjäger:
Es tut uns leid, Tante.
Wir wollen deinem Vorschlag folgen und fischen gehen.
Wir Jungen können helfen, damit alle satt werden.

Birkenblatt:
Ich kann Fische sogar mit der Hand fangen!
Ich brauche nicht einmal eine Angel dazu!
Aber das will von den Jungen keiner wissen.

Erzähler:
Schließlich gingen die Jungen los.
Dabei kam Wolfsjäger an Birkenblatt vorbei.

Wolfsjäger:
Ihr Mädchen macht uns nicht satt,
wenn die Büffel weiterhin ausbleiben.
Das ist Männersache!

Erzähler:
Birkenblatt fand, dass er recht hatte.
Sie war ja wirklich bloß ein Mädchen …
das hieß nähen, kochen, waschen, spülen,
Zelte auf- und abbauen.
Birkenblatt fand das Leben ziemlich ungerecht,
als ihre Mutter ihr die Hand auf die Schulter legte.

Birkenblatts Mutter:
Dein großer Bruder weiß eine Menge, Birkenblatt,
aber er hat deshalb nicht immer recht.
Das ist dir doch klar – oder?

Erzähler:
Birkenblatt hielt höflich den Mund,
obwohl sie nicht der Meinung ihrer Mutter war.

Birkenblatts Mutter:
Deine Großmutter braucht dich. Geh bitte zu ihr.

BVK · Barbara Rath: Vorlesetheater zur Verbesserung der Leseflüssigkeit – Band 2

36

Hörbuchlesen

Das Hörbuchlesen eignet sich sowohl für das Lesetraining im Klassenverband als auch in Kleingruppen oder in der Einzelarbeit. Allerdings bedeutet dies, dass für entsprechende technische Voraussetzungen gesorgt werden muss, zum Beispiel, dass ausreichend Abspielgeräte vorhanden sind.

Als Variante des begleitenden Lautlesens hören die Kinder beim Hörbuchlesen ein Hörbuch und lesen simultan in dem dazugehörigen Buch den Text halblaut mit. Es ist darauf zu achten, dass sie den gesprochenen Text des Hörbuches noch gut verstehen können. Als Vorbereitung auf das simultane Hören und Lesen bietet es sich an, vorher den Text einmal ohne Hörbuch im Buch zu lesen. Bei der Hörbuchfassung sollte es sich um eine ungekürzte Lesung handeln, nicht um ein ein Hörspiel.

Bereiten beim gemeinsamen Lesen und Hören eines Hörbuchs einzelne Passagen Schwierigkeiten oder werden nicht verstanden, können diese Abschnitte natürlich problemlos erneut abgespielt werden.

Ein Problem beim Hörbuchlesen kann die Geschwindigkeit des gesprochenen Hörbuchs darstellen. Auch durch die dramaturgische Gestaltung des Sprechens mit unterschiedlichen Betonungen, Tempi etc. kann das simultane Lesen und Hören für die Kinder erschwert werden.

Ein Hinweis: Die Sachbuchreihe „Leselauscher“ inklusive der „Leselauscher-Geschichten“ – herausgegeben vom BVK Buch Verlag Kempen – begegnet diesem Problem dadurch, dass die Texte des Hörbuches bewusst langsamer als normal und weniger dramaturgisch umgesetzt worden sind und dadurch das gleichzeitige Lesen und Hören deutlich erleichtert wird.

Gestisches Vorlesen

Das Vorlesen nimmt einen besonderen, einen wichtigen Stellenwert im Rahmen der Leseförderung ein. Dies gilt selbstverständlich auch für die schulische Arbeit, in der das Vorlesen fest implementiert werden sollte. Im Teil 8 dieses Buches (S. 134 – 148) zu den Leseförderideen für die Familie wird dem Vorlesen ein ganzes Kapitel gewidmet. Die dort formulierten Anregungen und Hinweise sind selbstverständlich auch auf die Schule übertragbar.

Besonders hinweisen möchte ich im Zusammenhang mit dem Vorlesen insgesamt auf die besondere Form des sogenannten „gestischen Vorlesens". Hierbei spielt nicht nur der mündliche „Vortrag" eine Rolle, sondern die Unterstützung durch Mimik und Gestik ist wesentlich. Die Gleichzeitigkeit der Vorleseaktion spielt eine zentrale Rolle. Der Vorlesende liest vor und „betont" den vorgelesenen Text dadurch, dass er durch seine Mimik und Gestik die gesprochen Worte unterstreicht bzw. ergänzt und dadurch auch emotionalisiert. Somit werden auch weniger textaffine Kinder dabei unterstützt, einen Text – besser – zu verstehen. Sich mit „Hand und Fuß" zu unterhalten, spielt ja auch bei der Kommunikation in einer fremden, weitgehend unbekannten Fremdsprache eine große Rolle; ähnlichen „Hilfsmitteln" bedient sich auch das „gestische Vorlesen". Es kann auch noch – durch Bilder zum Beispiel aus dem Buch, aus dem gerade vorgelesen wird – unterstützt werden.

Die Form des gestischen Vorlesens eignet sich besonders für leseschwache Schülerinnen und Schüler, unter anderem im Rahmen der Inklusion. Aber auch für die Leseförderung von Kindern, die nicht Deutsch als Muttersprache erworben haben, ist das gestische Vorlesen besonders geeignet.

Um gekonnt und erfolgreich das gestische Vorlesen zu praktizieren, bedarf es einiger Übung und Vorbereitung.

Hier einige wichtige Praxistipps zur Durchführung gestischen Vorlesens:

- Unterstützung des gestischen Vorlesens durch Bilder
- Überdeutliche Betonung von Gestik und Mimik
- Gestisches Vorlesen möglichst im Stehen
- Hervorhebung einzelner Wörter durch variable Betonung
- Pausen einbauen
- Vorlesen gut vorbereiten, indem Textpassagen, die gestisch unterstützt werden sollen, markiert werden

Übungen zur Verbesserung der Leseflüssigkeit

Im Folgenden stelle ich nun verschiedene Übungen vor, mit deren Hilfe die Lesefähigkeit verbessert werden kann. Hierbei geht es zunächst einmal darum zu lernen, einen Text flüssiger zu lesen. Das sinnerfassende oder sinnentnehmende Lesen wird hierbei noch nicht besonders geübt. Es ist selbstverständlich, dass an dieser Stelle nur wenige beispielhafte Übungen angeboten werden können, die Sie allerdings dazu anregen sollen, selbst ähnliche Übungen zu entwerfen und – je nach Bedarf – Ihren Kindern zur Verfügung zu stellen. Suchen Sie die Übungen aus, von denen Sie glauben, dass sie am ehesten weiterhelfen können. Natürlich können Sie auch alle Übungen anbieten und so etwas wie einen Intensivkurs in Sachen „Verbesserung des flüssigen Lesens“ durchführen. Die Übungen sind für Kinder und Jugendliche ungefähr zwischen dem 7. und 14. Lebensjahr geeignet.

„Versprungener“ Text

Mit dieser Übung werden die Augenbewegungen trainiert. Die Augen werden gezwungen, durch einen „Sprung“ nach außen das fehlende Wort im Text zu ergänzen. Dies fördert sowohl die Koordination des Auges bzw. dessen Flexibilität als auch die Konzentration des Lesers auf den Text.

Lies den Text unten, indem du das Wort (oder die Wörter), das rechts neben dem Text steht, beim Vorlesen des Gedichttextes mitliest. Es gehört in die Lücke in dem Text. Auch die beiden Gedichte auf den nächsten Seiten sollst du so lesen!
Wiederhole das Lesen der Gedichte so oft, bis du sie ohne Probleme und ohne Unterbrechung lesen kannst.

Leise rieselt der Schnee (von Eduard Ebel)

Leise rieselt der __________,	Schnee
still und __________ ruht der See;	starr
weihnachtlich __________ der Wald;	glänzet
Freue dich, __________ kommt bald!	Christkind

In den __________ ist's warm,	Herzen
still schweigt __________ und Harm,	Kummer
Sorge des __________ verhallt:	Lebens
Freue dich, Christkind __________ bald!	kommt
Bald ist __________ Nacht,	Heilige
Chor der __________ erwacht,	Engel
Hör _______ , wie _______________ es schallt:	nur – lieblich
Freue _______ , Christkind ___________ bald!	dich – kommt

Ich geh mit meiner Laterne (Volkslied)

Ich geh mit meiner ________	Laterne
und ________ Laterne mit mir.	meine
Dort oben ________ die Sterne,	leuchten
und ________, da leuchten wir.	unten
Mein ________ ist aus,	Licht
ich geh ________ Haus,	nach
rabimmel, rabammel, ________	rabum.
Ich geh ________ meiner Laterne	mit
und meine ________ mit mir.	Laterne
Dort ________ leuchten die Sterne,	oben
und unten, ________ leuchten wir.	da
Ein ________ zu Martins ________,	Lichtermeer – Ehr’
rabimmel, ________, rabum.	rabammel
Ich ________ mit meiner Laterne	geh
und ________ Laterne mit mir.	meine

Dort oben leuchten die ______,	Sterne
und unten, ______ leuchten wir.	da
Der ______, der zieht voran,	Martinsmann
______, rabammel, rabum.	rabimmel

Lesen mit Störzeichen

In die Texte „Ausbildung zum Ritter“, „Gassi gehen“ und „Bundeshauptstadt Berlin“ haben sich eine Menge falscher Zeichen eingeschlichen. Sie stören unseren Lesefluss. Daher nennen wir sie auch *Störzeichen.* Doch nach einigem Üben ist festzustellen, dass sie beim Lesen doch nicht so stark stören. Man weiß schon ganz sicher, wie das Wort heißt, das gelesen werden soll. Und da stört dann auch das Störzeichen nicht mehr.

Lies die Texte mit den Störzeichen möglichst flüssig. Wiederhole die Übung so lange, bis du die Texte wirklich flüssig lesen kannst.

Ausbildung zum Ritter

Sö&ne v&n Adli?en od$r v§n Rit=ern wur!en

häu%ig z?m Ritt%r ausgebil=et. Die Aus?il=ung

began§, w%nn d&r Ju?ge etw! si%ben Ja&re

a=t ge#orden w*r. E= k?m se&r häuf#g

v!r, da$s d/r. J?nge a*f d%r B+rg eine&

be#reun?eten R&tters P#ge w=rde. D? Z*it

a§s Pa#e dau&rte si*ben Ja&re.

Gassi gehen

W?nn i&h a§s d!r Schu#e ko*me, ge=e ic+ im#er m§t Rusty, uns“rem J&ck R?ssell Terrier, G#ssi. Die?e Hun&e si§d s#hr le*haft u/d brau&&en vi§l Be!egung. Meist#ns ge=e $ch m&t i#m i* d§n P“rk. Dor# k>nn e* oh&e Lei“e f#ei heru/lau“en. O#t tr<ffen w?r d*rt an§ere Hun%e, m#t d!nen e* spi%len ka#n. M>nchm<l re#ne i=h &it i=m a%ch ü§er d#e Wie“e z=m nah#gelege&en Flu%%, d#r dur// uns“re Sta&t fl##ßt. Da§ach b!n ic? rich#ig a#ßer Pu==e. Na** ung#fähr ei%er ha&ben Stu§de g#ht’s wie*er na§§ Hau?e.

Bundeshauptstadt Berlin

Berlin ist die Hau$tst?dt der Bunde&rep%blik Deu$schland. Dabei i=t Ber!in a/ch ein ei&enes Bu°desl?nd. Be/lin ist &ie St§dt in Deut$$$land mit de= mei“ten Ein?oh/ern. Ü$er dr/iei?halb Mi//ionen Me§schen l/ben h?er. Die/e Sta&t ist au/h s§hr gro°, ge/au 892 Quadr/tkil/m&ter (km^2). Es ist so/it /uch die gr%ßte Sta/t De&tschla?ds.

Im Ve/glei/h da§u hat ein Fu&ba/lpla/z et/a 6 000 Qu/dra/m?ter (m^2).

A/f die Fl/che B%rlins wü=den a/so un%efähr 149 000 Fußba&%plätze pa//en.

Text ohne Leerzeichen

Hierbei werden alle Wörter eines Textes aneinandergeschrieben. Nur durch die richtige Decodierung des einzelnen Wortes kann der Text richtig gelesen werden. Dazu muss der Leser die einzelnen Wörter kennen. Beim Lesen ist es wichtig, dass ein möglichst großer Buchstabenbereich erfasst wird, um auch das zu erlesende Wort zu erkennen. Diese Übung schärft die Fähigkeit, das einzelne Wort zu erkennen und in einen leseflüssigen Gesamtzusammenhang innerhalb eines Satzes zu setzen.

Bei den beiden folgenden Texten sind die Leerzeichen vergessen worden. Kannst du sie trotzdem flüssig lesen und den Inhalt sofort verstehen? Versuche es! Übrigens: Die Satzzeichen und die Groß- und Kleinschreibung helfen dir!

Urlaub am Strand

DerletzteSchultagistgeschafft.MeinZeugniswarnicht

ganzsotoll.VoralleminDeutschkönnteicheinebessere

Noteschaffen.Ichwarwohletwaszufaulimletzten

Schuljahr.Dassollsichändern.Inder4.Klassestrengich

michmehran.MeineElternhabenabernichtgeschimpft.

Siesagtennur:„Duweißt,dassdudasbesserkannst!“

DamitwardieSacheerledigt.MeineElternsindwirklichsuper.

Faszination Fußball

KeineandereSportartistweltweitsoverbreitetundso

beliebtwiedasFußballspiel.

AufderganzenWeltspielenrund270MillionenMenschen

Fußball.Etwa48MillionendavonsindMitgliederinüber

325000Vereinen.AlleininDeutschlandsindmehrals

6,6MillionenMenschenimDeutschenFußball-Bund(DFB)

registriert.Inungefähr26000Vereinennehmenrund

180000MannschaftenamSpielbetriebteil.

SomitistauchinDeutschlandFußballdiebeliebteste

Sportart,besondersbeiKindernundJugendlichen.

StarkentwickelthatsichindenletztenJahrenderFrauen-

undMädchenfußball.Derzeit(2018)liegtdieZahlder

weiblichenMitgliederimDFBbeiübereinerMillion.

FürvieleMenschenbildetderFußballsozusagendie

LeitschnurfürihreFreizeitgestaltung.Derprivate

TerminkalenderrichtetsichbeiihnennachdemFußball.

SiegehenzujedemHeimspielihresLieblingsclubs,

fahrenoftHunderteKilometerzudenAuswärtsspielen.

Oder,wennsieselbstalsFußballeraktivsind,istdieWoche

durchdenFußballgeprägt:zweibisdreiMalTraining,am

WochenendeSpiel,zwischendurchBeobachtungder

Bundesligaspiele...VielegestaltenihrZimmermitPostern,

Schals,Trikotsusw.ihresLieblingsclubs.DieFedermappe

trägtdasEmblemderLieblingsmannschaft,zumStadion

fährtmannurimFan-OutfitmitTrikot,SchalundMütze.

ImInternetoderinderZeitungwerdendieneuesten

NachrichtenausdemClub,demmannahesteht,verfolgt.

EswirdmitgelittenbeiNiederlagenundsichgefreut,wenn

einSpielgewonnenwurde.Trainerwechselwerden

herbeigeredet,lautstarkgefordert,fachmännisch

kommentiert.Überhaupt,dieAnalysedesSpielsistfür

vielezueinerArtunverzichtbaremRitualgeworden.

DawirdmitFreundenjedeSpielszenediskutiert,jedes

Torzigfachnacherlebtundkommentiert.

Hier fehlt etwas!

Die Augen erfassen beim Lesen in der Regel nicht die gesamte Zeile, sondern reduzieren ihre Wahrnehmung. Dabei werden meist die Ränder ausgeblendet. Das Gehirn ergänzt dann selbstständig das zu Lesende und fügt die fehlenden Buchstaben oder sogar Wörter hinzu.

> **Bei den Texten „Warum fliegt ein Flugzeug?“ und „Nur ein Traum“ ist der rechte Rand abgeschnitten worden. Dennoch wirst du die Texte lesen können. Versuche es!**

Warum fliegt ein Flugzeug?

Obwohl ein Flugzeug viel schwerer als Luf
ist, kann es fliegen und so schwere Lasten un
viele Menschen transportieren. Das liegt a
der Form der Tragflächen, also der Flügel: Si
sind so geformt, dass an der Oberseite die Lu
schneller vorbeiströmt als an der Unterseite.
In der Luft herrscht ein bestimmter Druck. We
die Flügel richtig gebaut sind, ist der Luftdru
über den Tragflächen kleiner als der Luftdru
unter den Tragflächen. Dadurch entsteht ei
Auftrieb und das Flugzeug fliegt. Dabei hab
die Geschwindigkeit, die Größe der Tragflä
der Winkel der Flügel und die Flughöhe ein
Einfluss auf die Auftriebskraft.

Nur ein Traum

Nur noch fünf Minuten sind zu spie
Meine Mannschaft liegt 1 zu 2 zur
Das gibt nichts mit der Meistersch
Mist! Das darf doch wohl nicht wa
sein! Verzweifelt hole ich mir den Ba
aus der eigenen Hälfte, umspiele de
einen, dann den anderen Abwehrsp
Und – stehe vor dem Torwart. Mit ein
Lupfer hebe ich den Ball ins Tor:
2 zu 2 – Ausgleich. Die Zuschauer johl
Ich fische den Ball aus dem Netz, lau
bis zum Anstoßkreis – das Spiel geht wei
Die letzte Minute läuft. Wieder erobe
ich den Ball in der eigenen Hälfte, wied
dribble ich zwei, drei Gegner aus. Im Straf
sehe ich Matz, meinen Freund und Sturmpar
stehen. Ich flanke ihm zu, er nimmt den B
volley – unhaltbar: 3 zu 2. Das Stadion tob
Matz und ich fallen uns in die Arme. Alle Mitsp
kommen angelaufen und stürzen sich auf u
Das ist die Meisterschaft!

Veränderte Wortgrenzen – falsche Leerzeichen

In den folgenden Texten sind die Leerzeichen falsch gesetzt worden. Versuche dennoch, die Texte richtig und flüssig zu lesen.

Ein Ritterturnier

Sehrbe liebtwa ren die Rit tertur niere, diehäu figmeh
rere Tagedau erten. DieGast geberu nddie Gäs te
klei detens ich festlich. Geradediej ungen Ritt ernutz
tenein Tur nier, umzuz eigen, dass siegu teund tapfere
Kämp ferwaren. DerSie gerbeiei nem Tur nierer hielt
manch male in Preisgeldo dererbe kamein Tierals
Geschenk. DerVerlie rerer hieltschon malein Schweinals
Trostpreis. Daherst ammt der Aussp ruch Schwein
ge habt. MancheRit ter wolltena uch Ein druckbeiden
Burg frauenma chen. Erf olgreiche Ritterwur denbe
rühmt. Außer demkonn tensie beiei nem Tur nierfür
den Kriegü ben.

Die Pueblo-Indianer

„Pueblo“ bedeutet „Dorf“ oder „Volk“. Son ann ten
di espan ischen Erobererdie Sied lungen der Indi
anerin Arizo naund am Rio Grande weg enihrer Ba
uweise. Pueblo-Gemeinden war enbe rühmt fürihre
mehr stöcki gen Häus erausge trockne tem Lehm. Die
Ind ianerb auten ganze Wohnblocksan Häng env on
Schluch ten, ums ich vor Ang riffenbes serschü tzen
zu können. Be kannte Pueblo-Indianer sind bei spiel
sweisedie Hopi od erdie Zuni. Siesind heutefür ihre
Handwer kskunst wie Tö pferwa ren, We bar beiten
und Silber schmuckbe rühmt. Hauptnah rungsquelled
er Pueblo-Indian erwar Mais. We gendes heißen Klim
asund der tro ckenen Böd enent wick eltendie Men
schenei neaus geklüg elte Be wässe rungstechnik.
Über aus gedehnte Kan alsy stemewur dendie Feld
erbe wässert. Sobrachtendie Pueblo-Indianer entwe
derdas Was serzuden Fel derno derdie Fel derzu
mWasser.

Nur Kleinschreibung

Im ersten Text „Schweiß der sonne“ sind – bis auf die Satzanfänge und die Eigennamen – alle Wörter kleingeschrieben.
Im zweiten Text „folgen der industrialisierung“ wird es etwas schwieriger. Dort sind alle Wörter kleingeschrieben. Suche und unterstreiche alle Wörter, die großgeschrieben werden müssen.

Schweiß der sonne

Gold galt als der „schweiß der sonne“. Mit gold konnte man nicht reich werden. Doch das war nicht so wichtig, denn es hatte für die Inka keinen materiellen wert. Es war das symbol des sonnengottes und galt daher als heilig. Der palast des Sapa Inka, der als sohn der sonne verehrt wurde, war überall mit gold ausgekleidet. In seinen heilbädern floss das wasser sogar aus goldenen rohren.
Auch seine alltäglichen gebrauchsgegenstände waren aus dem edlen metall: So benutzte er beispielsweise goldene pinzetten, um sich den bartwuchs auszuzupfen, während einfache bauern dafür muschelschalen verwendeten.
Der Sapa Inka ließ die ganze welt in goldener miniaturform nachbilden: menschen, lamas, aufbrechende früchte, berge und sogar ganze maisfelder, alles war aus purem gold gegossen.

(aus: Kristina Berbig: Maya & Co., Kempen, 2010, S. 62)

folgen der industrialisierung

das zeitalter der industrialisierung brachte für das wirtschaftsleben, für das arbeitsleben, zahlreiche veränderungen mit sich. viele dieser veränderungen sind heute noch erkennbar und wirken in unsere zeit hinein. auch veränderte die industrialisierung das leben und den alltag vieler menschen ganz entscheidend. dabei lassen sich die folgen der industrialisierung nicht eindeutig und einseitig bewerten. so kommt es auf den standpunkt des betrachters an, ob eine auswirkung als positiv oder negativ eingeschätzt wird. arbeitnehmer betrachten und bewerten bestimmte veränderungen oftmals anders als arbeitgeber. auch spielt es eine rolle, wann sich bestimmte auswirkungen der industrialisierung bemerkbar machten. so stellt es einen unterschied dar, ob sich die auswirkungen bereits während oder kurz nach dem industrialisierungsprozess oder erst viel später zeigten.

Falsch herum!

Diese Übung erfordert vor allem aufgrund ihrer anderen als gewohnten Leserichtung eine erhöhte Konzentration. Umso mehr ist die Augenbewegung auch durch den „Sprung“ des Blickes immer wieder zum Anfang des Wortes sehr gefordert. Dies fördert ein gezieltes und sicheres Lesen.

Lies nun den Text. Er ist von hinten nach vorne geschrieben. Du musst also am Ende des Textes anfangen zu lesen. Lies trotzdem flüssig! Übe, bis es dir gelingt!

.aus Chaos absolute das brach Platz dem Auf .ohnmächtig
Stelle der auf war Er .zusammen ,getroffen
Blitz vom wie ,Matz brach Augenblick gleichen Im
.Stutzen den durch biss Schlange Die .Deutlichkeit
grauenhaften einer in es zeigten Fernsehbilder Die
.zu Matz von Fuß rechten den auf direkt Geschwindigkeit
ungeheuren einer mit zischte Sie .an griff Mamba
schwarze Die .blitzschnell alles ging Dann .Bildschirme
die auf alle starrten hypnotisiert Wie .geworden totenstill
es war Fernsehregie der In .unheimlich – dunkel –
Lang .zukommen sich auf etwas er sah Dann .stehen
angewurzelt wie blieb Matz .lief Platz den auf schreiend
und winkend der ,Fernsehleute der einen er sah
dort denn ,Spielfeldrand zum er schaute irritiert Etwas
.nehmen zu Anlauf um ,zurück Schritte drei ,zwei ging
Er .zurechtgelegt Ball den Matz sich hatte Platz dem
Auf

Achtung Spiegelschrift!

Lies die folgenden Texte. Sie sind in Spiegelschrift geschrieben. Versuche, sie dennoch flüssig zu lesen. Der Text beginnt oben rechts „Deutschland grenzt“ und wird von rechts oben nach links unten gelesen. Dies gilt auch für den Text „Ein Freundschaftsspiel“. Wenn es beim ersten Mal nicht direkt klappt, versuche es mehrmals!

Die Nordsee

Deutschland grenzt im Norden an die Nordsee, die Ostsee und an Dänemark. Nord- und Ostsee gehören zum Atlantischen Ozean. Die Nordsee hat mit 95 Metern eine viel geringere Tiefe als der übrige Atlantische Ozean. Dieser ist durchschnittlich etwa 3 500 Meter tief. An der Nordsee kann man besonders gut Ebbe und Flut beobachten.

Der südliche Teil der Nordsee war vor rund 10 000 Jahren noch Festland. Es befand sich zwischen den britischen Inseln und dem heutigen Norddeutschland. Nach der Eiszeit senkten sich die Landgebiete und das Meer kam immer weiter nach Süden. Eiszeit nennt man eine Zeit, in der es auf der Erde besonders kalt war. Damals waren viel größere Teile der Erde mit Eis bedeckt. Es gab schon mehrere Eiszeiten.

Vor der deutschen Nordseeküste liegen die Ost- und Nordfriesischen Inseln. Viele dieser Inseln sind bekannte Urlaubsziele, wie Amrum, Sylt, Baltrum, Juist oder Borkum.

Ein Freundschaftsspiel

Mit einem bedrohlich klingenden Rhythmus und wildem Gesang, begleitet von Klatschen und Trommeln, wurden die südafrikanischen Spieler von ihren Fans unterstützt. Gleichzeitig sollte so sicherlich auch der Gegner verunsichert werden.
Wer sollte schießen? Keiner wollte die Verantwortung übernehmen. Da nahm sich Locke den Ball, legte ihn auf den Elfmeterpunkt, schritt mit angestrengtem Blick zurück, um Anlauf zu nehmen. Der Lärm im Stadion war mittlerweile unerträglich. Bedrohlich und gespenstisch zugleich donnerten das rhythmische Klatschen und die wie tiefe Bässe wummernden Trommeln durch das weite Rund und hämmerten mindestens doppelt so laut in Lockes Kopf. „Es ist nur ein Freundschaftsspiel", redete er sich ein. „Du hast die letzten drei Elfer in den Meisterschaftsspielen auch verwandelt", machte er sich noch einmal Mut. Locke lief an. Vor seinen Augen bildete sich ein wässriger Film, die Umrisse des Torwarts verschwammen zu einer wabernden Masse. Seine Beine zitterten. Immer lauter donnerte der Lärm in seinem Kopf. „Die linke Ecke, die linke obere Ecke", dachte er noch kurz, bevor er den Ball in Richtung Tor schoss. In dem Moment erkannte Locke, dass der Torwart genau in dieser Sekunde in die linke Ecke flog. Er wollte dem Fuß noch einen neuen Befehl geben und in die andere Ecke schießen. Doch es war schon zu spät. Schuss! Gehalten! Das Stadion bebte!

Fehlende Vokale

Lies die Texte möglichst flüssig, obwohl die Vokale weggelassen worden sind. Bei Eigennamen und am Wortanfang wurden die Vokale nicht entfernt.

Ein Fall für die Füchse

„Es stmmt ntrlch, es stht nrgndw gschrbn, dss mn mhr als zw sn mss“, tstt sch Kathy vrn. „Wr knntn j d allrrst Zwr-Bnd sn, wnn ds s wchtg ist“, bkm s endlch d Krv. „Dnn httn wr ds j gklrt“, erwdrt Cleo. Ihr Stmm klngt khl: „Jtzt brchn wr enn Nmn.“
Ds knnt dch ncht Cleos Ernst sn. Kathy snk innrlch in sch zsmmn. S wllt endlch etws untrnhmn, sttt wtr übr d albrn Bnd z dsktrn. Abr ihr Csn stnd ihr mt grmmgr Mn und vrschrnktn Armn ggnbr. Als splt Kathy tpfr wtr mt. „Oky, enn Nmn“, s vrscht, rhg z blbn. „Hm, hm“, grblt s. Als s Cleo sh, htt Kathy d rttnd Id: „Hm, Cleo, vllcht hst d j enn Vrschlg?“ ... „Ich hb schn ’n Id. ... wr nnnn uns nr d Füchse.“

Dietrich wird zum Ritter geschlagen

Konrads grßs Vrbld, Knpp Dietrich, sll mrgn zm Rttr gschlgn wrdn. All af dr Brg snd schn gnz afgrgt. Am Abnd vr dr Schwertleite mss Dietrich erst enml bdn. Dmt slln all Sndn abgwschn wrdn. Schlfn mss er af enm wßn Lgr. S wrd er af dn ewgn Frdn im Prds hngwsn. Er zht mt alln Gstn zr Krch. Als all ggngn snd, blbt er alln zrck und btt d gnz Ncht. Am frhn Mrgn wrd zrst en Mss gfrt. Anschlßnd bgnnt dr Fsttg. Dietrich zht en rts Gwnd an. Ds ernnrt ihn drn, dss er sn Blt fr d Krch vrgßn mss. Er zht schwrz Strmpf an, d ihn an dn Td ernnrn. Als Zchn fr d Kschht trgt er enn wßn Grtl. Nn ist er brt und knn in dn Stnd ens Rttrs erhbn wrdn. Dz wrdn sn Wffn gsgnt und er erhlt Wffn und Sprn fr sn Schhe. Dietrich knt vr dm Rttr ndr. Dr brhrt ihn mt dr brtn St ds Schwrts zrst an dr enn, dnn an dr andrn Schltr sw af dm Kpf. Dmt ist Dietrich zm Rttr gschlgn wrdn.

Übungen zur Verbesserung des sinnentnehmenden Lesens

Nachdem bei den vorherigen Übungen vor allem das flüssige Lesen im Mittelpunkt stand, soll es nun um das verstehende, das sogenannte sinnentnehmende Lesen gehen. Hierbei, so das Ergebnis diverser Schulleistungstests, schneiden deutsche Schülerinnen und Schüler immer wieder relativ schlecht ab. Das bedeutet konkret, dass viele Schülerinnen und Schüler einen Text zwar decodieren können, das heißt, oberflächlich lesen können, aber Schwierigkeiten haben, ihren Inhalt zu verstehen. Aber ohne das richtige Verständnis eines Textinhaltes erschließt sich dem Leser die Aussage, die Botschaft, die zu vermittelnde Erkenntnis …, die mit einem Text transportiert wird, nicht. Und dies bedeutet, dass für diesen Leser letztlich der konkrete Text relativ wertlos wird, er das transportierte Wissen und die vermittelten Erkenntnisse nicht in die „Datenbank" seiner Persönlichkeit überführen kann; geschweige denn, eine eigene Position einnehmen, noch eine abweichende Meinung formulieren kann.

Es liegt auf der Hand, dass es für einen mündigen Staatsbürger, für einen Menschen, der ein selbstbestimmtes Leben führen, selbstständige Entscheidungen treffen und danach handeln möchte, unabdingbar ist, Texte sinnentnehmend lesen zu können.

Zu vielfältig sind gerade die schriftlichen „Botschaften", mit denen wir tagtäglich konfrontiert werden. Hinzu kommt, dass ein Mensch, der Schwierigkeiten mit dem sinnentnehmenden Lesen hat, häufig von der Teilhabe am kulturellen Leben ausgeschlossen ist.

Ihm eröffnen sich kaum die Welten schriftstellerischer Werke, die Schönheit dichterischer Kunst. Dies wiederum führt zu einer intellektuellen gesellschaftlichen Ausgrenzung sowie zu einem oft eindimensionalen Denken und Handeln. Sicherlich sind auch die Auswirkungen auf die demokratische Entwicklung einer Gesellschaft nicht zu unterschätzen.

Menschen mit einer geringen Lesekompetenz sind anfälliger und manipulierbarer für vereinfachende Darstellungen in Politik und Gesellschaft und daher auch für verführerische Aussagen und Einstellungen, wie sie gerade in den letzten Jahren durch den Zuwachs populistischer Positionen zu beobachten ist. Selbstverständlich ist es notwendig, dass im Berufsleben über die Fähigkeit des sinnentnehmenden Lesens in vielfältigster Form verfügt werden muss. Das gilt nicht nur für die traditionellen„Schreibtischberufe", sondern in zunehmenden Maße auch für eher handwerklich oder technisch ausgerichtete Berufszweige. Kein Mechatroniker, kein Schreiner oder Heizungsbauer kommt ohne die Fähigkeit, einen komplexen Text verstehen zu können, bei der Ausübung seines Berufes aus. All dies trifft auch auf den privaten Lebensbereich zu. Nicht nur die Flut an täglichen Mitteilungen über die diversen sozialen Medien sind hier zu nennen, sondern auch die Vielfalt textgebundener Informationen in allen Lebensbereichen des Alltags gehören dazu;

von der Werbebotschaft über die Gebrauchsanweisung bis zu Vertragsbestimmungen oder den AGBs.

Ständig sind wir zum Lesen gezwungen und vor allem dazu, das Gelesene auch verstehen zu können.

Im Folgenden werden eine Reihe von Übungen angeboten, die gerade für Kinder und Jugendliche, die Schwierigkeiten mit dem sinnentnehmenden Lesen haben, geeignet sind. Dabei kann es sich nur um exemplarische Übungsbeispiele handeln. Sie sollen Sie anregen, selbst eigene Übungen zu entwerfen und Ihren Kindern zur Verfügung zu stellen.

Auch diese Übungen sind für Kinder und Jugendliche zwischen dem 7. und 14. Lebensjahr geeignet.

Leseverstehen

Die weiteren Übungen zielen vor allem auf das Verstehen eines Textes. Bei der Erarbeitung eines Textes sind zahlreiche Methoden geeignet. Hier werden nun verschiedene Möglichkeiten vorgestellt und an verschiedenen Texten geübt. Sie führen schließlich zur Anwendung der 6-Schritt-Lese-Methode.

Lückentext

Lies die Texte und fülle die Lücken mit den Wörtern, die unter dem Text stehen.

Der Regenwurm

Man vermutet, dass der Name „Regenwurm" tatsächlich

damit zu tun hat, dass er bei starkem ____________________

seine unterirdischen ____________________ verlässt.

Allerdings ist die Frage, warum die ____________________

dies tun, noch nicht endgültig geklärt.

Der ____________________ der Regenwürmer

besteht aus vielen ____________________.

An den ____________ jedes einzelnen Gliedes

befinden sich ____________ Borsten, die aus

der ____________ herausragen. Sie können durch

besondere ____________ bewegt werden.

Je ____________ ein Regenwurm ist, desto

mehr ____________ hat er.

Die neuen Glieder werden am ____________ Ende

des Wurms gebildet.

Vorne am Körper ____________ sich

der ____________. Daran ____________ sich

sofort der ____________ an, der durch den ganzen

Körper läuft.

Körper – Muskeln – Regen – acht – hinteren – Darm – Einzelgliedern – befindet – Haut – Seiten – Regenwürmer – älter – Mund – Wohnröhren – Glieder – schließt

Spinnen

Viele Menschen haben ____________________ vor Spinnen oder ekeln sich vor ihnen. Das liegt manchmal an ihren sehr langen, bei manchen Arten auch sehr behaarten ____________________.

Auf jeden Fall liegt es an ihren schnellen ____________________.

Es gibt Völker, bei denen die ____________________ überhaupt keine Angst vor ____________________ haben, sie gelten sogar als ____________________ Tiere. Spinnen gehören zu den ____________________. Ihr Körper besteht aus zwei ____________________: dem Brustteil, der mit dem ____________________ verbunden ist, und dem Hinterleib mit den Spinnwarzen, aus denen die ____________________ gesponnen werden. Sie besitzen

________________________, Beine und ein Paar Kieferklauen zum ________________________ und Töten der ________________________. Hinzu kommen noch ein Paar Tastbeine. Spinnen haben viele ________________________, manchmal bis zu ________________________. Sie sind Fleischfresser. Manche Spinnenarten sind giftig. Sie töten ihre Beute durch ________________________, das in den Kieferklauen steckt. Viele Spinnen spinnen Spinnenfäden zu ________________________. Sie benutzen ihre Spinnennetze, um ihre ________________________ dort einzuspinnen oder um Beute zu fangen. Insekten zum Beispiel fliegen in das ________________________ hinein und können sich nicht mehr befreien. Dann sind sie eine ________________________ Beute für die Spinne. Es gibt Spinnenarten, die so stabile Netze bauen, dass sie darin sogar kleine ________________________ fangen können. Manche Spinnenarten ________________________ auch im ________________________. Die meisten Spinnenarten leben

nur ________________________ Jahr lang. Einige Arten können

mehrere ________________________ alt werden.

Menschen – Kopf – heilige – Vögel – Fäden – Kopf – Wasser – Gift – ein – Angst – acht – leben – Beinen – Teilen – Augen – Eier – Bewegungen – Netz – leichte – Jahre – Beute – Spinnen – Jagen – Spinnennetzen – Gliedertieren

Genaues Lesen und Behalten

Bei den nächsten Übungen geht es darum, dass du konzentriert und genau liest. Im Anschluss musst du konkrete Fragen zum Textinhalt beantworten können.

Zum Beispiel:
Die gelbe Blüte der Tulpe war schon von Weitem zu sehen.

Fragen zum Text:
- Welche Farbe hat die Blüte? Antwort: gelb
- Wie heißt die Blume? Antwort: Tulpe

Auf dem Weg zur Schule

Morgens fährt der elfjährige Leon mit seinem Mountainbike zur Schule. Meistens trifft er dabei seine Klassenkameradin Lina. So auch heute. Sie ist schon zwölf und fährt ein gemütliches Hollandrad mit einem Blumenkorb am Lenker. Ihr Fahrrad ist pinkfarben und leuchtet schon aus der Ferne. Heute steht eine Mathearbeit an. Mathe ist Leons Lieblingsfach. Lina mag Mathe überhaupt nicht. Sie findet Deutsch besser und besonders mag sie Kunst. Sie kann nämlich toll malen. Auf dem Weg zur Schule gibt Leon ihr noch ein paar kleine Tipps für die Arbeit. Kurz vor der Schule treffen die beiden ihre Klassenkameraden Tim und Paul. Sie tragen beide wieder ihre weiß-blau gestreiften T-Shirts vom Skaterclub. Sie sind schon ganz aufgeregt. Denn auch sie tun sich mit Mathe schwer. In der Pause unterhalten sich die Schüler der 5b über die Mathearbeit. „Es war ja doch nicht so schwer“, meint Lina und schaut dabei zu Leon rüber.„Deine Tipps heute Morgen haben mir echt geholfen. Danke noch mal dafür.“ „Kein Problem“, antwortet Leon zufrieden.

Hast du alles behalten? Dann beantworte folgende Fragen zum Text. Schaue dabei nicht noch einmal in den Text hinein. Erst wenn du nicht mehr weiterweißt, darfst du ihn zu Hilfe nehmen:

- Wie heißt der Junge, von dem im Text berichtet wird?
- Wann fährt er?
- Wie alt ist er?
- Womit fährt er?
- Wohin fährt er?
- Wen trifft er?
- Wer ist sie?
- Wie alt ist sie?
- Womit fährt sie?
- Was hängt am Lenker ihres Fahrrades?
- Welche Farbe hat ihr Fahrrad?
- Was erwartet die beiden in der Schule?
- Welches ist sein Lieblingsfach?
- Welche Fächer mag sie lieber?
- Was kann sie besonders gut?
- Wen treffen sie vor der Schule?
- Welche Kleidung tragen diese beiden?
- In welchem Club sind sie?
- In welche Klasse gehen die Schüler?
- Wie urteilt das Mädchen nach der Arbeit?
- Was hat ihr geholfen?

Konkrete Textinformationen ermitteln

Im folgenden Text stecken viele Informationen über eine Person. Lies ihn daher konzentriert durch, damit du anschließend möglichst viele Fragen zum Inhalt des Textes beantworten kannst.

Das bin ich!

Ich bin Locke. Ja, richtig, Locke – wie die Locke, die Haarlocke. Ich hör schon, wie du sagst: So heißt doch kein Mensch! Meinst du? Falsch! Ich heiße so. Locke! Na ja, du hast schon ein bisschen recht – ich werde Locke genannt! Eigentlich heiße ich Patrick. Patrick, englisch gesprochen, nicht so ein vornehmes Patrick mit „a". Aber den Namen benutzt niemand, das heißt, fast niemand. Wenn sie sauer auf mich ist, dann nennt meine Mutter mich Patrick – und zwar tatsächlich mit „a". Ich finde das echt doof! Wenn sie mich so anspricht, weiß ich ganz genau: Klappe halten, ja nicht hochschauen, gebückte Körperhaltung, total betroffenes Gesicht machen und – ganz wichtig: bloß keine Widerworte geben ... Wie sich das überhaupt anhört: Widerworte! Kein „Aber ...", nichts! Tun, als wäre man gar nicht da ... irgendwie. Aber das kennst du bestimmt selbst! Einen Nachnamen habe ich übrigens auch: Schubert. Mein vollständiger Name ist also: Patrick Schubert. Weißt du, was ich am liebsten mache, am allerallerliebsten? Richtig: Fußball spielen! Fußball spielen ist echt mein Hobby. Es ist mehr als ein Hobby, es ist eine Leidenschaft, wie meine Mutter immer sagt. Wenn sie das so sagt, o. K., dann eben eine Leidenschaft. Wie sich die Erwachsenen nun mal so ausdrücken. Später würde ich gerne Profi werden. Ich hab immer Bock auf Fußball, immer. Nur wenn ich Fieber habe und mich schlapp fühle, dann eher nicht, dann verzichte ich schon mal aufs Fußballspielen. Kommt aber Gott sei Dank sehr selten vor, eigentlich fast nie! Ich spiele in der C-Jugend von Blau-Weiß Gelsenkirchen. Du hast richtig gehört: Gelsenkirchen. Das ist doch da, wo Schalke ist. Genau! Volltreffer! Schalke ist ein Ortsteil von Gelsenkirchen. Und daher hat auch der Bundesligaclub seinen Namen.

(aus: Ulli Potofski: Lockes Matchplan, Kempen, 2013, S. 11 und S. 15)

Nun hast du viel von Locke erfahren. Mal sehen, wie viel und was du alles so behalten hat. Beantworte die folgenden Fragen:

- Wie heißt Locke mit richtigem Namen?
- Wie wird sein Name ausgesprochen?
- Wer nennt Locke meist bei seinem richtigen Namen?
- Wann tut sie das vor allem?
- Was tut Locke am liebsten?
- Wie nennt Lockes Mutter sein Hobby?
- Wann geht Locke nicht seinem Hobby nach?
- In welchem Verein spielt Locke?
- Welcher Bundesligaclub kommt daher?

Die Entstehung der Erde

Wir wissen nicht ganz genau, wie die Erde entstanden ist. Man nimmt an, dass sie sich vor etwa fünf Milliarden Jahren aus einer glühenden Gas- und Staubwolke gebildet hat. Aus dieser Wolke sind Teilchen entstanden, die immer dichter, fester und größer wurden. Schließlich bildeten sich daraus die Planeten, zu denen ja auch die Erde gehört. Aus dem Kern dieser Wolke entstand die Sonne. Die Erde war zuerst noch eine glühende Masse. Doch vor rund 4,5 Milliarden Jahren wurde sie langsam fest. Eine Milliarde Jahre später kühlte sich diese Masse langsam ab. Dadurch schrumpfte die Erde auch und warf auf ihrer Kruste Falten.
Es entstanden die ersten Gebirge. Zu dieser Zeit stieg viel Wasserdampf auf, der zu Wolken wurde. Aus diesen Wolken regnete es jahrtausendelang. So bildeten sich Flüsse und Gewässer.
Sie füllten die Hohlräume der Erdkruste. Die Urmeere entstanden.
Als die Wolkenschicht immer dünner wurde, erwärmte die Sonne mit ihren Strahlen die Erde.

Beantworte nun folgende Fragen, indem du dich für die „richtige“ Antwort entscheidest.

Wann die Erde entstanden ist, wissen wir …

- ○ ganz genau.
- ○ nicht ganz genau.
- ○ überhaupt nicht.

Die Erde ist vor etwa …

- ○ 5 000 Jahren
- ○ 5 Millionen Jahren
- ○ 5 Milliarden Jahren

entstanden.

Die Erde bildete sich aus ...	○ einer glühenden Gas- und Staubwolke. ○ einem fernen Universum. ○ einem Vulkan.
Später bildeten sich ...	○ die Sterne. ○ die Meteoriten. ○ die Planeten.
Anfangs war die Erde ...	○ eine glühende Masse. ○ eine riesige Wasserfläche. ○ ein riesiges Gebirge.
Auf der Erde regnete es ...	○ monatelang. ○ jahrtausendelang. ○ jahrelang.
In den Hohlräumen der Erdkruste bildeten sich ...	○ tiefe Täler. ○ Urmeere. ○ riesige Höhlen.
Die Erde wurde erwärmt von ...	○ den vielen Sternen. ○ dem glühenden Erdinneren. ○ den Sonnenstrahlen.

Lautes Denken

Eine gute Möglichkeit, sich intensiv mit einem Textinhalt zu beschäftigen und ihn auch richtig zu verstehen, ist das sogenannte laute Denken. Dabei äußern wir Gedanken über den Buchinhalt. Zunächst lernen wir hier, weitere Textinhalte vorherzusagen. Das heißt, aus dem, was bisher von dem Text gelesen wurde, schließt man auf den weiteren Inhalt. Dies kann man auch schon zu Beginn des Textes tun, zum Beispiel nur, nachdem man die Überschrift des Textes, den Titel des Buches, gelesen hat. Es ist wichtig und notwendig, das laute Denken intensiv zu üben, damit es auch sicher beherrscht wird.

Folgende Einzelschritte sollen beim lauten Denken beachtet werden:

1. Der Leser trifft Vorhersagen über den erwarteten Textinhalt, zum Beispiel: „Im weiteren Text wird über … berichtet."
   „Ich erwarte, dass … (z. B. Name der Hauptfigur, also ein Kommissar, ein Drache, der Hausmeister …) im folgenden Textabschnitt als „Täter" oder „Helfer in der Not" oder als „Zeuge" auftritt."

2. Es werden Verbindungen zu den bisherigen Lebens- bzw. Leseerfahrungen hergestellt, zum Beispiel: „Im Text wird eine Person dargestellt, die so ist wie mein Großvater …" / „Wenn ich diesen Text lese, fällt mir sofort eine Situation mit meinem besten Freund … ein."

3. Man erkennt ein Problem (mehrere Probleme), mit dem (mit denen) sich der Text beschäftigt, zum Beispiel: „Im Mittelpunkt der Geschichte steht das zerrüttete Verhältnis zwischen Vater

und Sohn." / „Jan, die Hauptfigur, wird in der Schule ständig von seinen Mitschülern gemobbt."

4. Es gibt Schwierigkeiten mit dem Verstehen einzelner Textteile, einzelner Aussagen oder Begriffe, zum Beispiel: „Ich verstehe nicht, warum ..." / „Im Text kommen zahlreiche Begriffe aus der Chemie ... vor, die ich nicht verstehe." Gleichzeitig werden Möglichkeiten formuliert, diese Schwierigkeiten zu lösen: „Ich schaue im Lexikon die mir unbekannten Begriffe nach."

Es bietet sich an, diese Übungen zum „lauten Denken" allein und auch mit einem Partner vorzunehmen.

1. Lies einen Text und formuliere – sozusagen begleitend – „Gedanken", die du zur Methode des „lauten Denkens" kennengelernt hast.

2. Lies einem Partner einen Text laut vor und formuliere deine Bemerkungen („lautes Denken") zum Text. Der Partner hört genau zu und notiert evtl. einige Bemerkungen und Fragen zu deinem „Vortrag".

3. Einer liest einen Text. Der Partner unterbricht an geeigneten Stellen und formuliert seine Fragen und Bemerkungen („lautes Denken") zum Text. Hier kann ein Dritter die Situation beobachten und Protokoll führen. Übrigens: Durch das laute Denken lässt sich auch feststellen, wie unterschiedlich verschiedene Leser ein- und denselben Text betrachten.

Schlüsselbegriffe

Das sind wichtige Begriffe, die im Text vorkommen, mit deren Hilfe man sich den Textinhalt erschließen kann.

1. **Finde für die folgenden Texte eine jeweils passende Überschrift und trage sie ein.**

2. **Unterstreiche wichtige Begriffe („Schlüsselbegriffe“) und schreibe sie auf.**

3. **Fasse anhand der Schlüsselbegriffe den wichtigsten Textinhalt zusammen und schreibe ihn auf.**

1. Text: ________________________________

Nur bei jedem fünften Einsatz der Feuerwehr geht es wirklich um Feuer. Ansonsten ist sie oft bei Unfällen im Einsatz und leistet technische Hilfe. Bei Unwetter sind die Feuerwehrleute unterwegs, um umgestürzte Bäume wegzuräumen und Keller leerzupumpen. Die Feuerwehr soll vier Hauptaufgaben erfüllen: Retten – Löschen – Bergen – Schützen, und zwar auch in dieser Reihenfolge. Denn es ist natürlich wichtiger, die Menschen aus einem brennenden Haus zu retten, als das Haus selbst. Erst wenn alle Menschen und Tiere in Sicherheit sind, wird das Feuer gelöscht.

2. Text: ______________________________

Die Burgen im Mittelalter machen deutlich, dass sich eine bestimmte Bevölkerungsschicht von der „normalen" Bevölkerung allein schon durch ihre besondere Wohnstätte abhob. Zwischen König und Bürger gab es die Schichten der Adligen, der Fürsten, Grafen und auch der Ritter, die für den König, aber auch für die Fürsten kämpften. Die Adligen bewohnten immer häufiger große Burgen und schotteten sich dadurch von der „normalen" Bevölkerung ab. Im Laufe der Zeit entwickelten sich die Burgen zu Symbolen der Macht der Adligen, zu ihren Residenzen und natürlich auch zu Festungen, die ihnen Schutz vor Feinden bieten sollten. Der Burgbesitzer herrschte auch über die Umgebung der Burg. Außerdem spielten die Burgen für militärische Überlegungen eine immer größer werdende Rolle: Wo wurde eine Burg errichtet zur Abwehr gegen Feinde? Es entwickelte sich für die Burghüter aus ritterlichem Stande ein besonderes Dienstverhältnis. Man nannte es das Burglehenrecht. Die Burgherren erhielten Wohnungen auf den Burgen für sich und ihre Familien. Dafür waren sie verpflichtet, sich hier aufzuhalten und für die Verteidigung bereit zu sein.

(aus: Hans-Jürgen van der Gieth: Ritter, Kempen, 2010, S. 32)

Textzusammenfassung

Wenn man einen Text richtig verstanden hat, fällt es einem auch relativ leicht, ihn zusammenzufassen und dabei das Wichtigste des Inhalts wiederzugeben.
Es werden nun einige Übungen vorgestellt, mit deren Hilfe man das Wichtigste aus einem Text herausarbeiten und damit zeigen kann, dass man den Textinhalt verstanden hat.

1. **Lies den Text und unterteile ihn in sinnvolle Abschnitte. Gib jedem Abschnitt eine Überschrift.**
2. **Unterstreiche die wichtigsten Wörter (Schlüsselwörter).**
3. **Erkläre ihre Bedeutung.**
4. **Schreibe die Begriffe heraus, die du nicht verstehst. Schaue im Internet, Lexikon etc. nach und kläre die Bedeutung dieser Begriffe.**
5. **Fasse anhand der Schlüsselwörter den Inhalt des Textes zusammen.**

Tiere im Meer

Unsere Meere sind von zahlreichen Bewohnern bevölkert, von denen wir Menschen die meisten nie zu Gesicht bekommen. Vor allem am Meeresgrund wimmelt es von Lebewesen. Je nachdem, ob der Untergrund sandig, schlammig oder felsig ist, findet man dort unterschiedliche Lebensformen. Es graben sich Seezungen in den Sand ein, während sie auf ihre Beute lauern. Muscheln setzen sich an den Klippen fest und Fische und Krebse verstecken sich in den Felsspalten. Die Lebewesen des Meeres reichen von kleinsten Mikroorganismen bis zum Blauwal. Je nach ihrem Lebensraum innerhalb des Meeres werden Lebewesen unterschieden, die auf der Wasseroberfläche sowie in der dünnen Grenzschicht zwischen Wasser und Luft leben. Bei den untergetauchten Lebewesen unterscheidet man die, die im Wasser treiben von denen, die am Meeresboden leben. Die bekanntesten Lebewesen des Meeres sind die Fische. Es sind die ältesten Wirbeltiere der Erde. Durch ihre meist sehr schlanke Gestalt bieten sie dem Wasser wenig Widerstand und können sich so besonders gut im Wasser fortbewegen. Fische haben ein sehr wichtiges Organ, mit dessen Hilfe sie im Wasser kontrolliert aufsteigen und sinken können: die Schwimmblase. Unter Wasser atmen können sie durch die Kiemen. Mit einem ganz speziellen Sinnesorgan, dem Seitenlinienorgan, können sie außerdem die Schwankungen des Wasserdrucks messen. Allgemein werden Fische noch nach Knochen und Knorpelfischen unterschieden. Es gibt etwa 20 000 Arten von Knochenfischen, zu denen zum Beispiel auch Goldfische und Guppys zählen. Dagegen gibt es nur rund 850 Arten von Knorpelfischen. Bei ihnen ist das Skelett nicht aus Knochenmasse, sondern aus Knorpel aufgebaut. Zu den Knorpelfischen gehört zum Beispiel der Hai.

(aus: Hans-Jürgen van der Gieth: Schütz deine Erde, Kempen, 2010, S. 44

Text-Bild-Zuordnung

Auf dieser Seite findest du zwölf Aussagen bzw. „Sprüche“.
Auf der nächsten Seite sind zwölf Affen-Fotos abgedruckt.

Zu jedem Foto passt ein Spruch – oder umgekehrt!
Ordne nun jeweils den richtigen Spruch zum richtigen Foto.
Schreibe dazu die Nummer des Spruchs in den Kreis im Foto.
Vielleicht fallen dir ja noch bessere Sprüche ein.
Überlege einmal!

Ist doch affig!

1. Hallo mein Liebling, ich bin gleich da!
2. Jetzt hab ich schon wieder mein Passwort vergessen!
3. Bei Techno-Musik kann ich richtig gut einschlafen.
4. Hilfe, ich bin nicht schwindelfrei!
5. Lass das, ich bin doch so kitzelig!
6. Jetzt lasst mich endlich schlafen!
7. Ich wollte mir doch das Rauchen abgewöhnen!
8. Ein paar Blümchen für meine Angebetete!
9. Ob ich wohl hier meine Hose versteckt hab?
10. Super, der dritte Mann ist da: Lasst uns ’ne Runde Skat spielen!
11. Los, schneller, so gemütlich ist es auf deinem Rücken nun auch wieder nicht!
12. Uah, ich bin der Größte! Hau bloß ab, sonst landet meine Faust in deinem Gesicht!

Spielanleitung richtig verstehen

Bei dieser Übung geht es um eine Spielanleitung. Du musst sie konzentriert lesen und verstehen, um daran anschließend die Spielregeln erklären und das Spiel spielen zu können.

1. **Lies den Text genau durch, erarbeite die einzelnen Informationen, markiere sie und fasse sie anschließend zusammen.**
2. **Erkläre einer zweiten Person die Spielanleitung.**
3. **Spiele das Spiel mit mehreren Kindern / Personen.**

Aufgepasst im Straßenverkehr!
Ein Wortspiel für 4 – 5 Spieler rund um den Straßenverkehr.

Du brauchst:
5 Plättchen (z. B. Wendeplättchen) für jeden Mitspieler (= Pfand) und diese Wörter, die du auf ein Blatt schreibst: Kreuzung, Ampel, Zebrastreifen, gelb, Fußgängerweg, Fahrradfahrer, rot, Auto, Straße, Motorrad, Polizist, Spielzeugladen, Straßenrand, Fahrradweg, grün

Spielanleitung:
Als Erstes schreibst du die Wörter auf. Dann werden die Wörter an deine Mitspieler verteilt, wobei jeder Spieler drei dieser Wörter erhält oder sich aussucht. Jeder Mitspieler muss sich seine drei Wörter gut merken. Bevor das Spiel

losgeht, vereinbart ihr eine Zeit als Spielzeit, zum Beispiel zehn Minuten.
Du beginnst das Spiel, indem du einen Satz sagst, in dem ein, zwei oder alle drei deiner Merkwörter vorkommen. Wichtig ist vor allem, dass am Ende deines Satzes ein Merkwort deines Mitspielers vorkommt, denn es ist das Signal für deinen Mitspieler. Wenn dein Mitspieler nun sein Wort hört, das er sich ja vorher merken musste, sagt er einen weiteren Satz, bei dem wiederum ein Merkwort eines Mitspielers am Ende seines Satzes steht. Die Wörter deiner Mitspieler kannst du vom Blatt ablesen.

Ein Beispiel:
Deine drei Merkwörter heißen: *Kreuzung, Ampel, Zebrastreifen.* Du beginnst und sagst: „Ich bin mit meiner Oma über den Zebrastreifen gegangen, als plötzlich die Reifen eines Autos quietschten."
Das Merkwort *Auto* ist nun Signal für einen deiner Mitspieler, der nun weitererzählen muss, denn das Auto ist sein Merkwort. Vielleicht sagt dein Mitspieler: „Das Auto musste bremsen, weil ein Fahrradfahrer vom Fahrradweg einfach auf die Straße gefahren ist."
Nun ist der Mitspieler an der Reihe, dessen Merkwort *Straße* ist. So geht es immer weiter. Jeder Mitspieler überlegt bei seinem Merkwort, wie er den Satz seines Vorgängers so weitererzählt, dass eine sinnvolle Geschichte entsteht. Wenn du nicht auf dein Signal aufpasst und zu spät weitererzählst oder dich versprichst, gibst du ein Pfand (Plättchen) ab. Gewonnen hat, wer nach der vereinbarten Spielzeit die meisten Plättchen übrig hat.

Nacherzählung

1. Lies die Texte und erzähle den Inhalt nach.

2. Welche „Lehre“ lässt sich aus den Geschichten ziehen?

Fabel: Der Löwe und die Maus

Als der Löwe schlief, lief ihm eine Maus über den Körper. Aufwachend packte er sie und war drauf und dran, sie aufzufressen. Da bat sie ihn, er solle sie doch freilassen: „Wenn du mir das Leben schenkst, werde ich mich dankbar erweisen.“ Lachend ließ er sie laufen. Es geschah aber, dass bald darauf die dankbare Maus dem Löwen das Leben rettete. Denn als er von Jägern gefangen und mit einem Seil an einen Baum gebunden wurde, hörte ihn die Maus stöhnen. Sie lief zu ihm, und indem sie das Seil rundherum benagte, befreite sie ihn. „Damals“, sagte sie, „hast du gelacht über mich und nicht erwartet, dass ich es dir vergelten könne; jetzt weißt du, dass auch Mäuse hilfreich sein können!“

Fabel: Der Rabe und der Fuchs

Ein Rabe saß auf einem Baum und hielt im Schnabel einen Käse, den er verzehren wollte. Da kam ein Fuchs daher, der vom Geruch des Käses angelockt worden war. „Ah, guten Tag, Herr von Rabe!“, rief der Fuchs. „Wie wunderbar Sie aussehen! Wenn Ihr Gesang ebenso schön ist wie Ihr Gefieder, dann sind Sie der Schönste von allen hier im Walde!“

Das schmeichelte dem Raben und das Herz schlug ihm vor Freude höher. Um nun auch seine schöne Stimme zu zeigen, machte er den Schnabel weit auf – da fiel der Käse hinunter. Der Fuchs schnappte ihn auf und sagte: „Mein guter Mann, nun haben Sie es selbst erfahren: Ein Schmeichler lebt auf Kosten dessen, der ihn anhört – diese Lehre ist mit einem Käse wohl nicht zu teuer bezahlt.“

Der Rabe, bestürzt und beschämt, schwor sich, dass man ihn so nicht noch einmal hereinlegen werde – aber es war zu spät.

Ein Kinderroman

1. **Welche Erwartungen stellst du an den Text, wenn du den Titel liest? Schreibe deine Erwartungen kurz auf.**

2. **Lies den Text und schreibe auf (höchstens fünf Sätze), worum es geht**

3. **Kannst du dir vorstellen, warum das Buch, aus dem der Textauszug stammt, „Unheimliche Klassenfahrt" heißt?**

4. **Beantworte die Fragen am Schluss des Textes.**

Entdeckung um Mitternacht

(Erläuterung: In dem Kurzroman „Unheimliche Klassenfahrt" geht es um einen Schmuckraub und die Aufklärung durch ein paar mutige und clevere Schüler.)

Ungeduldig saßen die vier Freunde in ihren Zimmern. Sie hatten sich für Mitternacht auf dem Korridor verabredet, denn dann konnten sie sicher sein, dass auch die Lehrer zu Bett gegangen waren. Frank und Peter hatten sich in der Zwischenzeit den Zettel mit den Zahlen und Zeichen vorgenommen. Tatsächlich befand sich darauf ein Text in einer Geheimschrift. Frank starrte schon seit einer Stunde darauf und versuchte, den Code zu knacken. Manchmal schrie er kurz auf und machte sich hektisch Notizen, die er jedoch nach kurzer Zeit wieder kopfschüttelnd ausstrich. Endlich, kurz vor zwölf, schaute er Peter triumphierend an.

„Ich glaube, ich habe es, Kumpel! Wenn mich nicht alles täuscht, dann hat hier jemand mit ‚Flinker Ferdi' unterschrieben. Es geht um irgendein Treffen."
„Flinker Ferdi? Was ist das denn für ein blöder Name?"
„Seltsam", murmelte Frank. „Sehr seltsam." Seine Gedanken wurden von Peter unterbrochen.
„Komm, es ist fünf vor zwölf!" Frank erhob sich unwillig und rückte seine rote Kappe zurecht. „Das muss irgendwie alles zusammenhängen!" Sie schlichen zur Tür und warteten auf den Gong der Uhr. Endlich schlug die Uhr zwölf und sie machten sich auf den Weg. Die Mädchen kamen gerade aus ihrem Zimmer.
„Nicht, dass so ein alter Ritter hier herumschleicht", wisperte Ute ängstlich und ihr Pferdeschwanz hüpfte im Takt ihrer Bewegungen auf und ab.
„Ach, so ein Quatsch! Mach dich nicht lächerlich!", fuhr Peter sie an.
„Psst", warnte Frank, „seid doch still." Die vier schlichen die Treppe hinunter und tasteten sich zur Kellertür vor. Diesmal war die Tür unverschlossen. Frank hatte eine Taschenlampe mitgenommen und leuchtete ihnen den Weg. Sie hatten fast den Raum mit der Schubkarre erreicht, als plötzlich ...
„Stimmen", wisperte Ute aufgeregt, „schnell weg hier." Das war leicht gesagt, aber wohin? Die Stimmen wurden immer lauter und der Gang war eine Sackgasse.
Hektisch versuchten sie, die Türen zu öffnen. Man würde sie entdecken! Langsam bekamen sie Angst. Da war noch eine Tür, ihre letzte Rettung. Zum Glück ging sie auf, die Vier stürzten in den Raum und schlossen gerade wieder die Tür, als anscheinend mehrere Personen in den Gang einbogen. Ute, Peter, Marie und Frank lauschten angestrengt und

versuchten, möglichst kein Geräusch zu machen. Ihre Herzen pochten, als sie hörten, wie diese Personen vor ihrer Tür stehenblieben. Doch plötzlich wurden ihre Stimmen leiser, sie waren offenbar in den gegenüberliegenden Raum gegangen. Durch die Tür gedämpft, konnten die Freunde die Unterhaltung hören: „Was machen wir jetzt mit ihm?“, fragte eine tiefe Männerstimme. Jemand antwortete: „Ich habe keine Ahnung, Carlos. Zu blöd, dass er seine Brille vergessen hatte. Er kam uns einfach in die Quere.“ „Leider hat er Ferdi und mich gesehen. Er kann uns beschreiben“, sagte eine Frauenstimme.
„So ein Mist, da haben wir ja nicht viele Möglichkeiten!“
Die Kinder hörten, wie eine Tür geschlossen wurde und verharrten reglos.

(aus: Melanie Grade: Unheimliche Klassenfahrt, Kempen, 2023, 17. Aufl., S. 23 – 26)

Kennst du dich aus?

- **Wie heißen die vier Kinder?**
- **Wie heißt derjenige, der einen Zettel unterschrieben hat, den die Kinder gefunden haben?**
- **Wer trägt einen Pferdeschwanz?**
- **Wer hat eine Taschenlampe mitgenommen?**
- **Was war Besonderes an dem Gang, in den die Kinder hineingingen?**

Auch wenn es sich nur um einen kleinen Auszug aus dem gesamten Text „Unheimliche Klassenfahrt“ gehandelt hat: Sind deine Erwartungen, die du vor dem Lesen des Textes hattest, erfüllt worden? Begründe deine Antwort.

Die wichtigsten Lese-Methoden

Um einen Text wirklich zu verstehen, seinen Sinn zu begreifen, gibt es verschiedene Methoden. Die wichtigsten werden hier nun vorgestellt.

Fragewort-Methode

Diese Methode orientiert sich an den sogenannten W-Fragen eines Reporters, der einen Bericht, eine Reportage über ein bestimmtes Ereignis verfassen soll. Dabei spricht man auch von den sogenannten „sieben W-Fragen“.
Mit Hilfe dieser sogenannten W-Fragen (sie heißen so, weil die Fragewörter alle mit dem Buchstaben „W“ beginnen) lässt sich der Inhalt eines Textes erschließen.

Die wichtigsten W-Fragen sind:

Wer?	Von wem ist in dem Text die Rede? Wer tut etwas? Wer handelt? Wer berichtet? …
Was?	Was geschieht? Von welchem Ereignis, welcher Handlung … wird berichtet, erzählt …?
Wann?	Wann fand das dargestellte „Ereignis“, die Handlung … statt?
Wo?	Wo fand das Dargestellte statt?
Warum?	Warum fand das Dargestellte statt? Welche Hintergründe gibt es?
Wie?	Wie ereignete sich das Dargestellte?
Wozu?	Wozu hat das Dargestellte stattgefunden? Welchem Zweck diente es?

(Anmerkung: Die Antworten auf die W-Fragen „Warum“ und „Wozu“ ähneln sich häufig.)

Bei der Anwendung dieser Methode kann folgendermaßen vorgegangen werden:

- Notiere die W-Fragen.
- Ordne sie danach, wie wichtig sie wohl für den konkreten Text sind.
- Lies den Text durch und kennzeichne die wichtigsten Informationen zur Beantwortung der W-Fragen. Dabei kannst du für jede Frage eine andere Farbe verwenden.
- Schreibe die gefundenen Informationen auf.

Lies den Text und bearbeite ihn mit Hilfe der W-Fragen. Dabei kannst du so vorgehen, wie es gerade beschrieben worden ist.

Heute, am Ostersamstag, treffen sich die fünf Freunde in ihrem Clubhaus. Sie wollen noch einmal die Nachtwanderung planen, die sie für das kommende Wochenende vorgesehen haben. „Leute, wie ist das nun mit der Schatzsuche, machen wir das jetzt oder nicht?“, wollte Leon wissen. „Du mit deiner Schatzsuche. Das ist doch was für Babys. Ich jedenfalls hab da kein Interesse dran“, meldet sich Ina zu Wort. „Ja, ja, du willst mal wieder die Coole spielen, für die solche Sachen Kinderkram sind. Ich bin dafür, wir stimmen ab“, hält Jonas, der so etwas wie der Chef der Bande ist, dagegen. Die Mehrheit, nämlich drei der Bande, Leon, Jonas und Erhan, stimmen für eine Schatzsuche, die beiden Mädchen, Ina und Peggy, sind dagegen – doch damit ist die Sache geritzt.

„Dann sag ich nur noch meinem Vater Bescheid, der organisiert das dann mit dem Verstecken des Schatzes", beendet Jonas das Gespräch.

Nun ist es endlich soweit. Die fünf Freunde starten zu ihrer Nachtwanderung mit anschließender Übernachtung in der Hütte von Jonas Eltern auf dem Campingplatz. Zwischen ihrem Wohnort und dem etwa fünf Kilometer entfernten Campingplatz ist ein dichter Wald zu durchqueren. Obwohl sie schon ein bisschen Angst haben, lässt es sich keiner anmerken. Schließlich wollen sie alle einmal etwas besonders Aufregendes erleben. Und eine Nachtwanderung allein, also ohne einen Erwachsenen als Begleitung, ist da schon eine ganz schön spannende Herausforderung.

Der Mond lässt sich nur ab und zu blicken. Ein leiser Wind weht durch die Baumwipfel und ab und zu knackt und zirpt der eine oder andere Baum regelrecht. Die Kinder müssen sich, mit Taschenlampen bewaffnet, ihren Weg durch das Unterholz bahnen. Es ist schon gegen 11 Uhr am Abend. Der Himmel hat sich zugezogen und es ist mittlerweile stockfinster. Der Wald gibt immer mehr seltsamere Geräusche von sich. Und plötzlich, da ...

SQ-3R-Methode:

1. Schritt:

S = Survey: Überblick verschaffen – gewinnen! Nachdem man sich einen Überblick über den Text verschafft hat, weiß man, worum es in dem Text geht: Titel, Inhaltsverzeichnis, Vorwort, Gliederung, Kapitel, Stichwortverzeichnis, Literaturverzeichnis usw. Wichtig ist auch der Rückgriff auf eigenes Wissen.

2. Schritt:

Q = Question: Frage! Fragen an den Text stellen, von denen du glaubst, dass sie durch den Text beantwortet werden.

3. Schritt:

R = Read: Lies! Genaueres Lesen des Textes, Markieren wichtiger Begriffe und Textstellen, Herausschreiben von Schlüsselwörtern.

4. Schritt:

R = Recite: Trage vor! Mit Hilfe einer Mind-Map den Inhalt des Textes erfassen und vortragen.

5. Schritt:

R = Review: Wiederhole! Mit Hilfe der Mind-Map den wichtigsten Inhalt des Textes noch einmal wiederholen.

1. Bestimme vor dem Lesen dein Leseziel bzw. deine Leseabsicht. Was willst du durch das Lesen des Textes erreichen?
   Wichtig: Das Ziel, die Absicht, der Zweck des Lesens bestimmt auch den Leseprozess.
   Formuliere (im Kopf – mündlich – oder auch schriftlich) dein Vorwissen über das Thema des Textes.

2. Verschaffe dir einen groben Überblick über den Text:
   - Welches Thema / welchen Themenaspekt behandelt er?
   - Wie lautet die Überschrift, wie evtl. die Zwischenüberschriften?
   - Wann wurde der Text geschrieben?
   - Wer hat ihn geschrieben?

Sich einen Überblick über den Text zu verschaffen, kann auf unterschiedliche Weise geschehen, zum Beispiel durch sogenanntes kursorisches Lesen. Dabei liest man an verschiedenen Stellen in den Text hinein. Zum Beispiel werden nur die ersten Sätze eines Unterkapitels oder die eventuelle Zusammenfassung am Ende des Textes gelesen.

Unklare Formulierungen, Mehrdeutigkeiten, Unverständliches etc. werden zunächst ignoriert.

Wichtig ist, sich nach diesem oberflächlichen Lesen ein „Bild“ vom Text zu machen, das heißt, das Wichtig(st)e des Textinhalts und der Textabsicht erkannt zu haben. Dabei klärt sich, ob der Text im Groben verstanden worden ist.

3. Eine große Hilfe für das Verständnis eines Textes stellt die Zerlegung in Blöcke, in Abschnitte (formale Absätze) bzw. Sinnabschnitte dar.

4. Überprüfe deine bisherigen „Erkenntnisse“ über den Text. Fasse zu diesem Zweck den Textinhalt kurz zusammen. Ermittle die Unklarheiten und versuche, sie zu beseitigen.

5. Anwendung verschiedener „Techniken“ bzw. problemlösender Strategien, um zum Textverständnis zu gelangen, zum Beispiel:
   - Fragen an den Text formulieren, die du mit Hilfe des Textes beantwortest.
   - Zusammenfassung des Textes; auf verschiedene Weise möglich, zum Beispiel: „Schreibe (zehn) Leitsätze auf, die den wichtigsten Inhalt des Textes wiedergeben!“, „Fertige eine Mind-Map (oder eine andere grafische Darstellungsform), die den Inhalt darstellt, an.“
   - Textinhalt in Verbindung zum Vorwissen stellen: Ergänzung, Erweiterung, Bestätigung, Widerspruch zum bisherigen Vorwissen.
   - Nochmaliges Lesen unklarer Textstellen und evtl. Klärung von Unverständlichem mit Hilfe von Hilfsmitteln wie Wörterbuch, Lexikon …
   - Zusammenfassung des gesamten Textinhalts: zum Beispiel in Form einer Nacherzählung oder Inhaltsangabe. Hilfreich sind hierbei Unterstreichungen im Text sowie das Herausschreiben von Schlüsselwörtern.

6-Schritt-Lese-Methode

Die sogenannte 6-Schritt-Lese-Methode ist besonders gut geeignet, um gerade komplexere Texte zu erfassen und den Inhalt zu verstehen. Allerdings braucht diese Methode etwas Übung.

Es ist sinnvoll, ihre Anwendung immer wieder an verschiedenen Texten zu üben. Mit der Zeit gehen die einzelnen Schritte in Fleisch und Blut über.

Um einen Text nicht nur zu lesen, sondern ihn auch zu verstehen, eignet sich in besonderer Weise die 6-Schritt-Lese-Methode. Sie kann auf nahezu alle Texte angewandt werden.

Schritt 1: Überlegungen vor dem Lesen

- Welches Vorwissen hast du über das Thema?
- Welche Meinung hast du zum Thema?
- Verschaffe dir erste Informationen über den Text: zum Beispiel Titel bzw. Überschrift des Textes, Inhaltsverzeichnis, Kapitelüberschriften, evtl. Informationen über den Autor.

Schritt 2: Überblick über den Text verschaffen

- Text durchlesen!
- Auf Hervorgehobenes (z. B. Fettgedrucktes, Unterstrichenes etc.), auf Besonderheiten achten.

Schritt 3: Gründliches Lesen

- Gliederung des Textes erfassen und kennzeichnen.
- Schlüsselwörter finden und markieren (unterstreichen).
- Fragen zum Text formulieren (z. B. mit Hilfe der W-Fragen: was, wer, wann, wo, wie, warum).

- Antworten auf diese Fragen finden (evtl. ist hierzu ein erneutes Lesen erforderlich).
- Schwierige Wörter klären (z. B. Bedeutung im Lexikon nachschlagen).

Schritt 4: Zusammenfassen des Textes

- Erkennen des gedanklichen Aufbaus des Textes bzw. der Sinnabschnitte.
- Zusammenfassen der einzelnen Sinnabschnitte mit eigenen Worten.

Schritt 5: Textinhalt festhalten

- Schriftliche Zusammenfassung des Inhalts vornehmen.

Schritt 6: Wiedergabe des Inhalts

- Der Inhalt kann zum Beispiel in Form eines mündlichen Vortrags wiedergegeben werden.

Anhand des Textes „Lukas allein im Wald“ kann die Anwendung der 6-Schritt-Lese-Methode geübt werden. Lies zunächst den Text!

Lukas allein im Wald

Die Nacht war bereits hereingebrochen. Tiefschwarze Wolken ließen auch das Licht des Mondes nicht bis zum Waldboden dringen. Lukas war allein. Allein in diesem undurchdringlichen Dickicht. Der Wald war stumm. Die Vögel hatten längst ihr Geschwätz eingestellt. Nur das Knacken der Äste und der Atem des Jungen waren zu hören. Lukas hatte Angst. Heftig pochte das Blut in seinen Adern. Wie sollte er nur wieder aus diesem Wald hinausfinden, zurück nach Hause, zurück zu seiner Familie? Er hörte den Schrei einer Eule, ganz in der Nähe. Der Schreck fuhr ihm in die Glieder. Hastig machte er ein paar Schritte. Ängstlich schaute er sich nach allen Seiten um. Warum hatte er nur solche Angst, so eine verflucht furchtbare Angst? Wer sollte ihm hier etwas tun? Es wusste doch niemand, dass er in diesem Wald war – und sich verlaufen hatte. Aber das war ja gleichzeitig auch das Schreckliche: Niemand hatte eine Ahnung, wo er war. Bestimmt machte sich Mutter schon große Sorgen. Vater war wohl noch nicht zu Hause. Oft kam sein Vater erst von der Arbeit, wenn er schon im Bett lag. Aber Mutter hatte sicherlich schon ihren Mann angerufen und ihm berichtet, dass Lukas noch nicht daheim war und Vater hatte versucht, sie zu beruhigen. Er war meist recht gelassen und regte sich nicht so schnell auf. Immer schneller vorwärts stolpernd irrte Lukas nun schon bald vier Stunden in diesem undurchdringlichen Wald umher. Wieso hatte er sich bloß so verlaufen? Eigentlich war er doch nur dem Weg gefolgt, der zur alten Ruine führte. Und die hatte er mit seinen Eltern schon mehr als einmal besucht. Ein paar Fotos wollte er dort machen, für ein Referat, das er in seiner Klasse, der 6a, halten sollte:„Burg Rabenhorst – eine mittelalterliche Burg“, lautete das Thema. Ein paar Mauern waren übriggeblieben, der Burgturm stand noch und sogar der Grundriss war gut zu erkennen. Doch bei der Burgruine war er nie angekommen. Eigentlich wollte sein Freund Carsten ihn begleiten. Der hatte jedoch Stubenarrest, weil er wiedermal Streit mit seiner kleinen Schwester angefangen hatte. So war Lukas allein losgegangen, um die Fotos zu machen. Schließlich lag die Ruine nur ein paar hundert Meter in den Wald hinein. Er musste wohl irgendwo eine falsche Richtung eingeschlagen haben. Allerdings war es auch viel schneller dunkel geworden, als er es erwartet hatte. Obwohl Lukas seit einigen Wochen ein eigenes Handy besaß, lag es zu Hause: Der Akku war leer – und die Zeit zum Aufladen war ihm zu lang gewesen. Da, da hinten, war das nicht ein Licht? Lukas bemerkte in der Ferne einen fahlen Lichtschein. Vorsichtig bewegte er sich darauf zu. Wenig später nahm er auch Geräusche wahr, die sich schon bald als menschliche Stimmen herausstellten. Vier, nein fünf Stimmen konnte Lukas unterscheiden. Nun war er so nah herangekommen, dass er die Umrisse der Menschen gut erkennen konnte. Doch was waren das für Menschen, die so große Köpfe hatten? Köpfe mit großen, leuchtenden Augen, mit einer riesigen Nase – oder war es eine Schnauze, eine Schnauze wie bei einem Wolf? Was, um Himmels willen, waren das für Geschöpfe? Waren das wirklich Menschen? Was tun die hier, zu dieser Zeit, im Stockdunkeln?, fragte er sich. Immer näher ging er auf die Lichtung zu, die er nun im Lichtschein eines Feuers deutlich erkennen konnte. Kaum hatte sich Lukas hingehockt, um die Szene genau beobachten zu können, löste sich einer der Umrisse aus dem Lichtschein des Feuers und kam geradewegs auf Lukas zu. Sofort stieg wieder eine fürchterliche Angst in ihm hoch; er wurde von Panik ergriffen. Ohne nachzudenken sprang er auf und lief wieder zurück in die Richtung, aus der er gekommen war. Schnell hatte man ihn bemerkt.

Sogleich schrie derjenige, der sich in Richtung seines Verstecks bewegt hatte: „Kommt schnell, wir haben Besuch. Beeilt euch, der Typ haut ab!“ Wenige Augenblicke später rannten die seltsamen Geschöpfe hinter Lukas her und hatten ihn auch schon bald eingeholt. Lukas schlotterten die Knie, als er zu fünf angsteinflößenden Riesenwolfsköpfen aufschaute.

Anwendung der 6-Schritt-Lese-Methode am Beispiel des Textes „Lukas allein im Wald“:

Schritt 1: Überlegungen vor dem Lesen

- Auf Vorwissen kann man hier kaum zurückgreifen.
- Eine Meinung kann man sich eigentlich auch nicht gebildet haben.
- Erste Informationen: Der Titel lautet: „Lukas allein im Wald“. Ein Inhaltsverzeichnis und Kapitelüberschriften gibt es nicht. Informationen über den Autor werden nicht gegeben; evtl. sind sie über das Internet zu erhalten. Allerdings spielen sie für das Verständnis dieses Textes auch keine Rolle.

Schritt 2: Überblick über den Text verschaffen

- Hervorgehobenes oder Besonderheiten sind nicht festzustellen. Wohl wechselt die Erzählweise zwischen unmittelbar Erlebtem und Rückblenden.

Schritt 3: Gründliches Lesen

- Der Text lässt sich in drei größere Sinnabschnitte gliedern:
  Zeile 2 – Zeile 15: „Die Nacht war ... – ... so schnell auf.“
  Zeile 15 – Zeile 27: „Immer schneller ... – ... zu lang gewesen.“
  Zeile 27 – Zeile 43: „Da, da hinten ... – ... Riesenwolfsköpfen aufschaute.“

- Schlüsselwörter (z. B.):
  Nacht – allein – undurchdringliches Dickicht – Angst – verlaufen – Mutter – Sorgen – Ruine – Fotos – Handy – Lichtschein – Stimmen – Geschöpfe – Panik – bald eingeholt – Riesenwolfsköpfe

- Fragen zum Text:
  - Was ist geschehen? Welche Handlung wird in der Geschichte erzählt?
  - Wer spielt eine Rolle?
  - Wann findet das Ereignis statt?
  - Wo findet das Ereignis statt?
  - Wie wird die Geschichte erzählt?
  - Warum wird sie erzählt?

- Antworten auf diese Fragen:
  - **Was?** Ein Junge hat sich in einem Wald verlaufen, als er auf der Suche nach einer Ruine war, die er fotografieren wollte. Er bekam Angst. Als er Menschen mit Wolfsköpfen sieht, wird er von diesen entdeckt und auf der Flucht gestellt.
  - **Wer?** Lukas, ein ca. 12 Jahre alter Junge, der die 6. Klasse besucht und fünf Geschöpfen mit Wolfsköpfen begegnet. Über Lukas Eltern, seinen Freund Carsten und dessen kleiner Schwester wird nur kurz berichtet.
  - **Wann?** spätabends bzw. nachts
  - **Wo?** in einem großen Waldgebiet
  - **Wie?** Die Handlung wird von einem Erzähler dargestellt. Der Erzähler beobachtet und beschreibt genau, was geschieht, wie die Umgebung aussieht, wie Lukas sich fühlt usw. Auch schildert der Erzähler, wie es zu der Situation gekommen ist (Fotos machen für ein Referat, Ruine nicht finden, sich verlaufen…).
  - **Warum?** Der Text ist ein sogenannter fiktionaler Text, das heißt, die Handlung ist vom Autor frei erfunden worden. Dabei ist es natürlich möglich, dass sie auf Tatsachen beruht. Der Autor wollte eine interessante und spannende Geschichte zur Unterhaltung der Leser schreiben.

- Schwierige Wörter:
  Der Text enthält keine schwierigen, unverständlichen Wörter.

Schritt 4: Zusammenfassen des Textes

Der Text stellt das 1. Kapitel einer längeren Erzählung dar. Innerhalb des Kapitels ist er nicht mehr gegliedert. Allerdings enthält er folgende Sinnabschnitte:

1. Darstellung der aktuellen Situation und eine kurze Beschäftigung mit den Reaktionen der Menschen, die nicht aktuell am Ereignis beteiligt sind:
   Zeile 2 – Zeile 15: „Die Nacht war … – … so schnell auf."

2. Aufnahme der Beschreibung der aktuellen Situation und Darstellung der Gründe, die für den Ausflug in den Wald verantwortlich sind:
   Zeile 15 – Zeile 27: „Immer schneller … – … zu lang gewesen."

3. Aufnahme der Beschreibung der aktuellen Situation und Darstellung der Wahrnehmung des Lichts, der Menschen mit Wolfsköpfen, der Entdeckung durch die seltsamen Geschöpfe sowie des gescheiterten Fluchtversuchs:
   Zeile 27 – Zeile 43: „Da, da hinten … – … Riesenwolfsköpfen aufschaute."

• Zusammenfassung der einzelnen Sinnabschnitte:

Zu 1: In diesem Abschnitt wird die Angst der Hauptperson Lukas beschrieben, der sich in einem großen Waldgebiet verlaufen hat. Dabei denkt er daran, dass sich seine Mutter nun große Sorgen machen wird.

Zu 2: Es wird der Grund dargestellt, warum Lukas überhaupt in den Wald hineingegangen ist. Er wollte für ein Referat Fotos von einer alten Burgruine machen. Da sein Freund Carsten verhindert war, ging Lukas alleine in den Wald und verlief sich offensichtlich.

Zu 3: Es wird berichtet, dass Lukas einen Lichtschein wahrnimmt und beim Näherkommen fünf Geschöpfe mit Wolfsköpfen erkennt. Lukas wird von ihnen entdeckt und bei dem Versuch zu fliehen, von ihnen gestellt.

Schritt 5: Textinhalt festhalten

Lukas will für ein Referat Fotos von einer Burgruine machen. Dabei verläuft er sich in einem großen Waldgebiet. Er bekommt große Angst. Als er einen Lichtschein wahrnimmt, sieht er auf einer Lichtung seltsam aussehende Geschöpfe. Er wird von ihnen entdeckt und bei seinem Fluchtversuch gestellt.

Schritt 6: Wiedergabe des Inhalts

Die konkrete Wiedergabe des Inhalts ist eine sinnvolle und wichtige Übung. Vor allem in Form eines mündlichen Vortrags ist sie sehr geeignet.

Lösungen

Ausbildung zum Ritter

Söhne von Adligen oder von Rittern wurden häufig zum Ritter ausgebildet. Die Ausbildung begann, wenn der Junge etwa sieben Jahre alt geworden war. Es kam sehr häufig vor, dass der Junge auf der Burg eines befreundeten Ritters Page wurde. Die Zeit als Page dauerte sieben Jahre.

Gassi gehen

Wenn ich aus der Schule komme, gehe ich immer mit Rusty, unserem Jack Russell Terrier, Gassi. Diese Hunde sind sehr lebhaft und brauchen viel Bewegung. Meistens gehe ich mit ihm in den Park. Dort kann er ohne Leine frei herumlaufen. Oft treffen wir dort andere Hunde, mit denen er spielen kann. Manchmal renne ich mit ihm auch über die Wiese zum nahegelegenen Fluss, der durch unsere Stadt fließt. Danach bin ich richtig außer

Puste. Nach ungefähr einer halben Stunde geht's wieder nach Hause.

Bundeshauptstadt Berlin

Berlin ist die Hauptstadt der Bundesrepublik Deutschland. Dabei ist Berlin auch ein eigenes Bundesland. Berlin ist die Stadt in Deutschland mit den meisten Einwohnern. Über dreieinhalb Millionen Menschen leben hier. Diese Stadt ist auch sehr groß, genau 892 Quadratkilometer (km^2). Es ist somit auch die größte Stadt Deutschlands. Im Vergleich dazu hat ein Fußballplatz etwa 6 000 Quadratmeter (m^2). Auf die Fläche Berlins würden also ungefähr 149 000 Fußballplätze passen.

Schweiß der Sonne

Gold galt als der „Schweiß der Sonne". Mit Gold konnte man nicht reich werden. Doch das war nicht so wichtig, denn es hatte für die Inka keinen materiellen Wert. Es war das Symbol des Sonnengottes und galt daher als heilig. Der Palast des Sapa Inka, der als Sohn der Sonne verehrt wurde, war überall mit Gold ausgekleidet. In seinen Heilbädern floss das Wasser sogar aus goldenen Rohren.

Auch seine alltäglichen Gebrauchsgegenstände waren aus dem edlen Metall: So benutzte er beispielsweise goldene Pinzetten, um sich den Bartwuchs auszuzupfen, während einfache Bauern dafür Muschelschalen verwendeten.

Der Sapa Inka ließ die ganze Welt in goldener Miniaturform nachbilden: Menschen, Lamas, aufbrechende Früchte, Berge und sogar ganze Maisfelder, alles war aus purem Gold gegossen.

Folgen der Industrialisierung

Das Zeitalter der Industrialisierung brachte für das Wirtschaftsleben, für das Arbeitsleben, zahlreiche Veränderungen mit sich. Viele dieser Veränderungen sind heute noch erkennbar und wirken in unsere Zeit hinein. Auch veränderte die Industrialisierung das Leben und den Alltag vieler Menschen ganz entscheidend. Dabei lassen sich die Folgen der Industrialisierung nicht eindeutig und einseitig bewerten. So kommt es auf den Standpunkt des Betrachters an, ob eine Auswirkung als positiv oder negativ eingeschätzt wird. Arbeitnehmer betrachten und bewerten bestimmte Veränderungen oftmals anders als Arbeitgeber. Auch spielt es eine Rolle, wann sich bestimmte Auswirkungen der Industrialisierung bemerkbar machten. So stellt es einen Unterschied dar, ob sich die Auswirkungen bereits während oder kurz nach dem Industrialisierungsprozess oder erst viel später zeigten.

Der Regenwurm

Regen – Wohnröhren – Regenwürmer – Körper –
Einzelgliedern – Seiten – acht – Haut – Muskeln – älter –
Glieder – hinteren – befindet – Mund – schließt – Darm

Spinnen

Angst – Beinen – Bewegungen – Menschen – Spinnen – heilige – Gliedertieren – Teilen – Kopf – Fäden – Kopf – Jagen – Beute – Augen – acht – Gift – Spinnennetzen – Eier – Netz – leichte – Vögel – leben – Wasser – ein – Jahre

Auf dem Weg zur Schule

Leon / morgens / elf Jahre / mit einem Mountainbike / zur Schule / Lina / seine Schulkameradin / zwölf Jahre / mit einem gemütlichen Hollandrad / ein Blumenkorb / pink / eine Mathearbeit / Mathe / Deutsch und Kunst / malen / Tim und Paul / blau-weiß gestreifte T-Shirts / Skaterclub / 5 b / „Es war ja doch nicht so schwer" / Leons Tipps

Das bin ich!

Patrick Schubert / Pätrick / seine Mutter / wenn sie sauer auf ihn ist / Fußball spielen / eine Leidenschaft / wenn er krank ist, Fieber hat / Blau-Weiß Gelsenkirchen / FC Schalke 04

TEIL 8

Wie Eltern das Lesen ihrer Kinder fördern können

Die Grundlage für die Begeisterung für das Lesen, für Geschichten, für Bücher, sollte im Elternhaus gelegt werden. Dabei kann nicht früh genug damit angefangen werden, Kinder mit dem Lesen bzw. mit Büchern zu konfrontieren. Selbstverständlich steht dabei das Vorlesen im Vordergrund. Aber auch das freie Geschichtenerzählen gehört dazu.

Im Folgenden werden einige Möglichkeiten vorgestellt, wie Eltern ihre Kinder zum Lesen motivieren können, wie Leseförderung im Elternhaus erfolgreich praktiziert werden kann. Dass dabei immer auch die konkreten Bedingungen und Voraussetzungen zu berücksichtigen sind, ist selbstverständlich. Hier können nur allgemeine Ideen vorgestellt und Anregungen gegeben werden.

Vorlesen

Kinder genießen es, wenn ihnen vorgelesen wird, wenn sie Geschichten hören, die ihre Fantasie anregen, die sie in eine andere Welt entführen ... und dazu auch noch Bilder anschauen können, auf denen sich vieles entdecken lässt.

Das Vorlesen gehört in manchen Familien zum täglichen Ritual. Und gerade dieses Ritualisierte spielt eine große, nicht zu unterschätzende Rolle. Wichtig ist, dass die Vorlesezeit von dem Kind (und auch von dem Vorleser) als besonders angenehm empfunden wird und dass sich alle Beteiligten darauf freuen. Schaffen Sie eine besondere, bevorzugt gemütliche, heimelige, kuschelige Atmosphäre. Die Kinder, aber natürlich auch Sie, sollen sich in der Vorlesesituation wohlfühlen. Der Alltag bleibt ausgeblendet, störende Nebengeräusche und Ablenkungen werden nach Möglichkeit vermieden. So sollte selbstverständlich kein Fernseher in hörbarer Nähe laufen oder im Nachbarraum die Musikanlage des älteren Geschwisterkindes in voller Lautstärke durchs Haus dröhnen. Eine ideale Vorlesedauer zu nennen, ist kaum möglich. Dies ist von den individuellen Bedingungen abhängig; selbstverständlich auch vom Alter des Kindes. Allgemein kann eine Vorlesezeit von ca. 15 bis 30 Minuten als sinnvoll und angemessen angesehen werden.

Versuchen Sie, den Leseort besonders zu „gestalten“. Er sollte bequem sein, körperliche Nähe zwischen Vorleser und Kind ermöglichen, vielleicht sogar besonders beleuchtet sein. Oft bietet sich das Kinderzimmer bzw. das Bett des Kindes an, um dort ein Vorleseritual vor dem Schlafengehen zu pflegen. Aber auch andere Örtlichkeiten sind denkbar. Wenn der Platz in der Wohnung es zulässt, kann eine eigene Leseecke eingerichtet werden, in die man sich zur Vorlesezeit zurückzieht. Diese Ecke kann zu anderen Zeiten zum eigenen Lesen bzw. Blättern in einem Buch durch das Kind genutzt werden.

Achten Sie darauf, dass die Aufmerksamkeit des Kindes / der Kinder während des Vorlesens nur auf Sie und den Text bzw. die Bilder gerichtet ist. Geben Sie dem Kind die Entscheidungsfreiheit darüber, was vorgelesen werden soll. Das heißt nicht, dass Sie als Eltern nicht auch Bücher „empfehlen“ können. In der Regel sind es ja sowieso Sie, die die Bücher, die zum Vorlesen zur Verfügung stehen, kaufen oder ausleihen. Aber in der konkreten Vorlesesituation sollte das Kind bestimmen dürfen, aus welchem Buch vorgelesen werden soll.

Es ist durchaus möglich, dass Kinder über einen längeren Zeitraum immer wieder dasselbe Buch vorgelesen bekommen möchten. Lassen Sie Unterbrechungen des Vorlesens durch das Kind zu und verschieben Sie eventuelle Erklärungen, Antworten … nicht auf die Zeit nach dem Vorlesen. Wenn das Kind konkret ein Nachfragebedürfnis hat, dann sollte dies auch direkt befriedigt werden. Ansonsten würde es sich wahrscheinlich zu lange mit seiner „Frage“ beschäftigen und dem Fortlauf der Geschichte nicht konzentriert folgen. Erlauben Sie Ihrem Kind, wieder zurückzublättern, sich zum Beispiel Zeichnungen auf zurückliegenden Seiten noch einmal anzuschauen oder auch bei einem Bild, einer Formulierung, einer Figur länger zu verweilen. Erwecken Sie nie den Eindruck, das Vorlesen schnell hinter sich bringen zu wollen. Lassen Sie sich Zeit.

Ermöglichen Sie Ihrem Kind, das Buch gleichzeitig während des Vorlesens „mitzulesen“. Es ist wichtig, dass das Kind die Handlung mitverfolgen kann, weiß, wo Sie gerade mit dem Vorlesen dran sind und welche Bilder gerade das Vorgelesene begleiten. Bei Bilderbüchern spielt dieses direkte Verfolgen des Lesens und damit der vorgelesenen Handlung eine besonders große Rolle. Sie werden feststellen, dass das Kind nach einiger Zeit, wenn das Buch mehrmals vorgelesen worden ist, häufig genau weiß, welcher Satz auf welcher Seite steht, wie eine Seite endet. Es wird Ihnen bestimmt genau sagen können, ob Sie einmal ein Wort ausgelassen oder hinzugefügt, die Geschichte vielleicht sogar in größerem Maße „verändert“ haben.

Einige Kinder entwerfen zur vorgelesenen Handlung ihre eigene Geschichte, wandeln das Vorgelesene ab, ergänzen die Handlung oder sehen eine bestimmte Szene als Auftakt für eine eigene Geschichte. So führen sie das Gelesene nach ihren Vorstellungen weiter und entwickeln ihre eigene Fantasie. Etwas Besseres kann gar nicht passieren! Das immer wieder zitierte „Kino im Kopf“ wird so Wirklichkeit. Darüber hinaus lässt es eigene kreative Prozesse beim Kind entstehen.

Es ist auch nicht schlimm, wenn Sie mit dem Vorlesen des Buches, der Geschichte bei einem Vorlese„termin“ nicht bis zum Ende kommen. Solange Ihr Kind das akzeptiert, ist das überhaupt kein Problem. Schwierig wird es, wenn die vorgesehene Vorlesezeit bereits deutlich überschritten ist und das Kind trotz intensiver Beschäftigung mit dem bisher Vorgelesenen die Geschichte unbedingt zu Ende hören möchte. Da muss in der Situation entschieden werden, was nun die beste Lösung ist. Oftmals ist es weniger problematisch, einfach der Bitte des Kindes nachzukommen und das Buch zu Ende zu lesen. So bleibt das Vorlesen auf jeden Fall als eine positive Erfahrung, als ein angenehmes Erlebnis beim Kind in Erinnerung. Und das ist schließlich wichtig!

Geben Sie dem Kind die Möglichkeit, auch alleine zu „lesen“. Gerne blättern die Kinder in einem Buch die einzelnen Seiten durch, imitieren sozusagen das Lesen / Vorlesen, indem sie sich selbst die Geschichte laut oder nur in ihrem Kopf erzählen bzw. „vorlesen“.

Wenn sich die Möglichkeit ergibt, kann die Geschichte, die gerade gelesen worden ist, mit Alltagserfahrungen des Kindes, mit einem Gespräch über eigene Erlebnisse etc. verknüpft werden. So kann zum Beispiel das, was der Protagonist in der vorgelesenen Geschichte erlebt hat, zum Anlass genommen werden, über eigene Erlebnisse des Kindes zu sprechen. Manchmal bietet es sich auch an, in einem Gespräch nach dem Vorlesen gezielt die Geschichte weiterzuspinnen oder aber Ereignisse aus der Realität zu thematisieren.

Als Erweiterung der Beschäftigung mit dem Vorgelesenen bieten sich noch viele andere Aktivitäten an. Ob sie allerdings unbedingt im direkten Zusammenhang mit dem Vorleseritual stehen sollen, ist konkret zu entscheiden. Kinder „erleben" eine vorgelesene Geschichte gerne auf die vielfältigste Art und Weise. Dabei geht dies oftmals weit über die direkten Möglichkeiten des Weitererzählens oder des Suchens von alternativen Wendungen in der Handlung der vorgelesenen Geschichte hinaus. Dann sollte die weitere Beschäftigung mit dem Buchinhalt auf einen späteren Zeitpunkt verlegt werden. Hier bietet es sich an, dass das Kind zu der vorgelesenen Geschichte etwas malt oder bastelt oder die Handlung in Rollenspielen nachempfindet.

Das Vorlesen darf auf keinen Fall zu einer leistungsbestimmten, unterrichtsähnlichen Situation werden. Es muss vielmehr den unverbindlichen, entspannten und genießerischen Aspekt, ähnlich dem des freien Spiels, betonen.

Vorlesen sollte nicht mit einer Art Bestrafung verbunden werden, also der Verzicht auf das Vorlesen. Dann besteht die Gefahr, dass das Vorlesen mit einem negativen Gefühl belegt wird.

Interessant ist übrigens, dass auch Kinder, die bereits selbst lesen können, dennoch das Vorlesen durch die Eltern (oder andere Menschen, andere Familienangehörige) sehr genießen. Das liegt sicherlich zum einen an der meist besonderen Vorlesesituation, zum anderen aber auch daran, dass es sich nicht auf die Technik des eigenen Lesens konzentrieren muss (was ja zu Anfang häufig noch recht schwer fallen kann), sondern ausschließlich dem Inhalt, der Handlung ... folgen kann. Dadurch wird durchaus auch der Erlebnischarakter, der durch ein Vorleseritual entsteht, verstärkt.

An dieser Stelle verweise ich auf die Ausführungen zum sogenannten „gestischen Vorlesen“ (S. 61 bis 62) als einer besonderen Form des Vorlesens.

Lesepaten

Lesepaten nehmen in unserer Gesellschaft eine wichtige Rolle ein. Durch ihre meist ehrenamtliche Tätigkeit leisten sie im Rahmen bürgerschaftlichen Engagements einen großen Beitrag zur Bildungsarbeit. Gerade in Zeiten großer Defizite in der Lesekompetenz unserer Kinder und Jugendlichen, wie es die jüngste IGLU-Studie aus dem Jahre 2023 (siehe hierzu auch die Vorbemerkungen auf Seite 8 dieses Buches) erneut belegt, ist die Funktion von Lesepaten nicht hoch genug einzuschätzen.

Lesepaten fördern die Lesekompetenz von Kindern und Jugendlichen (oder auch von leseschwachen Erwachsenen bzw. Menschen mit Migrationshintergrund). Im Folgenden beziehen sich die Aussagen zum „Einsatz“ von Lesepaten hauptsächlich auf Kinder. Lesepaten wecken die Freude am Lesen und helfen dabei, die Lesefähigkeit und Lesekompetenz des Kindes / der Kinder zu verbessern. Sie betreiben eine besonders wertvolle Form der Leseförderung vor allem deshalb, weil der soziale Aspekt durch die direkte Kommunikation große Bedeutung erlangt. Hierdurch ist die Chance einer erfolgreichen Leseförderung besonders groß.

Die „Arbeit“ von Lesepaten ist durchaus unterschiedlich. Ob im familiären Umfeld oder in der Schule: Immer sind sie an der Verbesserung der Lesekompetenz beteiligt. Oftmals erfolgt dies dadurch, dass sie dem Kind, das gefördert werden soll, Texte vorlesen. Sinnvoll ist es auch, wenn das Kind (die Kinder) ihrerseits dem Lesepaten vorlesen. Lesepaten können auch durch unterschiedliche „Lese-Methoden“ zielgerichtet die Lesekompetenz des Kindes fördern und zum Beispiel bei ganz individuellen Problemen ansetzen, um die Verbesserung der Leseflüssigkeit bzw. des sinnentnehmenden Lesens zu unterstützen.

Beim Umgang mit Büchern, dem Vorlesen von Geschriebenem und dem damit verbundenen Eintauchen in Geschichten, in fremde Länder, in das Leben interessanter Menschen, in spannende Sachthemen ... wächst in den Kindern zum einen die Neugierde auf die Inhalte des Gelesenen. Zum anderen spielt hier auch die persönliche Zuwendung, die sie durch die Lesepaten erfahren, eine nicht zu unterschätzende Rolle. Dadurch erfolgt die Beschäftigung mit einem Buch, das Hören von Geschichten etc. in einem positiven Kontext. Für viele Kinder stellt das Zusammensein mit den Lesepaten und

deren Präsentation eines Buches – neben dem Unterricht in der Schule – die einzige Beschäftigung mit Literatur, mit Büchern, dar. Denn gerade das Vorlesen, das eigentlich zum selbstverständlichen Bestandteil häuslicher bzw. familiärer Sozialisation gehören sollte, erfolgt in vielen Familien leider nicht mehr.

Auch für die als Lesepaten tätigen Menschen, die eine sinnvolle Tätigkeit suchen, stellt der Umgang mit Kindern und Jugendlichen bzw. sonstigen Menschen, die Unterstützung beim Erwerb von Lesekompetenz benötigen, eine äußerst positive Erfahrung dar. Sie haben das Gefühl, etwas Sinnvolles zu tun, gerade auch dann, wenn sie sich für benachteiligte Kinder und Jugendliche einsetzen. Und wenn dann ihre Arbeit erfolgreich ist, wirkt sich das auch positiv auf ihre eigene Persönlichkeit aus. Nicht zu unterschätzen ist die Begegnung verschiedener Generationen, die bei den Lesepaten-Aktivitäten stattfindet.

In der Regel setzen sich die Lesepaten parallel zum Unterricht mit einzelnen Kindern oder auch in kleinen Gruppen zusammen. Dabei lesen sie Texte vor oder lassen sie sich vorlesen. Die zu lesenden Texte sollen entweder von den Lehrkräften oder zumindest in Absprache mit ihnen ausgewählt werden. Auch in Kindergärten lässt sich durch Lesepaten eine sinnvolle „Leseförderung" betreiben, auch wenn die Kinder selbst noch nicht lesen können. Doch durch das Vorlesen zum Beispiel von Bilderbüchern wird die Sprachentwicklung der Kleinen gefördert. In der Schule zum Beispiel können – je nach Kompetenz und Interessen – die Lesepaten gemeinsam mit den Jugendlichen Fachtexte erschließen, sich mit fremdsprachigen Texten oder mit erzählenden Texten beschäftigen.

Von Seiten der Bildungseinrichtung ist es sinnvoll, aktiv auf die Suche nach Lesepaten zu gehen, sich mit einem Angebot an potenzielle „Leser und Leserinnen“ zu wenden. Dies kann zum Beispiel über einen Rundbrief über die Kinder an deren Eltern erfolgen. Ebenfalls können über eine Freiwilligenagentur (evtl. eingerichtet und organisatorisch unterstützt von der Kommune) Lesepaten angeworben werden. Grundsätzlich sind keine besonderen Voraussetzungen mit der Tätigkeit als Lesepate verbunden. Sicherlich sollte ein Lesepate möglichst fehlerfrei und zusammenhängend, im besten Fall natürlich auch spannend und interessant vorlesen können. Beim Vorlesen stellt gerade auch das gestische Vorlesen (siehe hierzu Seite 63 / 64) eine gute Möglichkeit dar, Kinder und Jugendliche für die gelesenen Inhalte zu begeistern und auch das Verstehen der Texte zu erhöhen. Lesepaten sollten in der Lage sein, im Anschluss an das Vorlesen mit den Zuhörerinnen und Zuhörern über das Gehörte zu sprechen. Und selbstverständlich ist ein gewisses pädagogisches „Geschick“ hilfreich, um zum Beispiel eventuell auftretende Konflikte erfolgreich zu meistern. Hilfreich ist selbstverständlich auch die Fähigkeit, die Kinder … dazu zu motivieren, den Texten zu lauschen und sich mit ihren Inhalten auseinanderzusetzen.

In welcher Intensität die Arbeit von Lesepaten in der Einrichtung installiert wird, hängt von vielen Faktoren ab. Unter anderem von der Verfügbarkeit der Lesepaten, aber auch von den organisatorischen Möglichkeiten. Hier müssen sicherlich individuelle Regelungen getroffen werden. Verbreitet ist ein regelmäßiger „Einsatz“ von Lesepaten wie ein Mal pro Woche oder auch im 14-tägigen Rhythmus. Wichtig ist die Einhaltung einer gewissen Regelmäßigkeit. Ebenso sollte eine Abstimmung zwischen den Lesepaten und dem pädagogischen Personal erfolgen. Dies bezieht sich nicht nur auf die Auswahl der Inhalte (zum Beispiel welche Texte vorgelesen werden), sondern auch auf die eher erzieherischen Aspekte, die selbstverständlich ebenfalls eine Rolle spielen, um erfolgreich diese Form der Lesekompetenzförderung durchzuführen.

Über rechtliche Vorschriften, die in den Bundesländern durchaus unterschiedlich sein können, sollte man sich vor Beginn der Arbeit von Lesepaten informieren.

Lesepatenschaften zu etablieren ist in vielfältiger Form möglich, so natürlich auch im familiären Umfeld: Großeltern, ältere Geschwister, Nachbarn – zum Beispiel ehemalige Lehrerinnen und Lehrer, Erzieherinnen und Erzieher oder andere Erwachsene – die in der Lage sind, Texte gut und motivierend vorzulesen und mit dem zu fördernden Kind gemeinsam das Lesen zu üben.

Kinderzeitschriften

Kinder mögen gerne die bunten Zeitschriften, die regelmäßig erscheinen und beim Zeitschriftenhändler oder im Supermarkt in den Auslagen angeboten werden. Ob es nun eine Zeitschrift sein soll, die sich vor allem durch ein Gimmick auszeichnet, müssen Sie selbst entscheiden. Jedenfalls gibt es eine Reihe durchaus geeigneter Zeitschriften für Kinder, die nicht nur ansprechend gemacht sind (viele tolle Fotos und Illustrationen), sondern auch inhaltlich anspruchsvoll sind. Wenn es den Zeitschriftenmachern dann auch noch gelungen ist, in einer kindgemäßen Sprache interessante Themen zu verpacken, ist die Lesefreude bei den Kindern umso größer und die Zeitschrift sicherlich empfehlenswert. Allein schon die Tatsache, eine eigene Zeitschrift zu besitzen und lesen zu können, wirkt sich positiv auf die

Lesemotivation des Kindes aus. Neben dem regelmäßigen Kauf einer Zeitschrift bietet sich auch ein Zeitschriften-Abo an.

Büchereibesuche

In den meisten Orten gibt es eine städtische Bücherei oder ein anderer Träger (Kirche ...) führt eine solche Einrichtung. Der regelmäßige Besuch einer öffentlichen Bücherei fördert den selbstverständlichen Umgang des Kindes mit Büchern. Das Kind lernt, sich in der Bücherei zurechtzufinden, lernt das Leseangebot dort kennen und ist in der Lage, selbstständig Bücher auszuwählen, die es lesen möchte.

Sinnvoll ist es, dass das Kind selbst Leser der Bücherei (mit eigenem Leseausweis) wird und irgendwann auch alleine die Bücherei aufsuchen darf.

Oftmals werden von öffentlichen Büchereien auch Aktionen (Lesefeste, Bastelstunden zu Büchern, Autorenlesungen und vieles andere mehr) rund um das Buch, um das Lesen ... durchgeführt, die es wert sind, besucht zu werden.

Besuch von Buchhandlungen

Besuche in Buchhandlungen sind auch zu empfehlen. Dabei sollte das Kind auch Gelegenheit bekommen, ein Buch kaufen zu können. Wichtig sind solche Besuche vor allem, um die Beschäftigung mit Büchern, mit Literatur als eine vollkommen selbstverständliche Aktivität zu vermitteln und somit auch eine eventuell vorhandene Scheu abzubauen.

Ideen nach dem Lesen eines Buches

Vielen Kindern macht es Spaß, sich nach der Lektüre eines Buches noch weiter mit dessen Inhalt, den Protagonisten ... zu beschäftigen. Hierzu lassen sich leicht Ideen entwickeln. So kann die Geschichte noch einmal nachgespielt werden.

Rollenspiele sind für Kinder (aber auch für Jugendliche) eine beliebte Form der Verarbeitung eines gelesenen Textes. Dabei spielt es keine Rolle, ob der Buchinhalt (oder ein Teil des Inhalts) „nachgespielt“ wird oder ob sich die Kinder eigene Szenen ausdenken, die Geschichte „weiterspinnen“ oder aber nur einzelne Inhalte oder Personen zum Anlass für ihr Spiel nehmen.

Beliebt sind auch Bastelangebote, die nach der Lektüre von den Kindern gerne wahrgenommen werden. Zum Beispiel können Bastelvorlagen von den Hauptfiguren eines Romans entwickelt werden.

Besonders beliebt sind dabei Tierfiguren. Diese Figuren können dann zum Beispiel als Stabpuppen erstellt werden, mit denen sich anschließend vortrefflich spielen lässt. Damit sind auch Rollenspiele möglich. Oder diese Stabpuppen werden in einem „Schuhkartontheater“ oder einem „Kamishibai“ eingesetzt.

Bilderbuchkino

Eine ganz besondere Möglichkeit, Kinder zum Lesen zu motivieren und ihnen den Umgang mit Büchern zu vermitteln, stellen sogenannte Bilderbuchkinos dar. Bei einem Bilderbuchkino werden die Illustrationen des Buches (einzeln, dem Fortgang der Geschichte entsprechend) auf einer Leinwand, einer weißen Wand oder einem großen Fernseher präsentiert. Während früher die Illustrationen als Dias projiziert wurden, sind es heute digitale Datenträger, die zum Beispiel per Beamer oder DVD-Player gezeigt werden. Im Idealfall werden alle Illustrationen einzeln gezeigt. Der Text kann dann entweder zu der Präsentation des Bildes live vorgelesen werden oder – wie es bei professionell produzierten Bilderbuchkinos üblich ist – mit dem Zeigen des Bildes als Tondatei abgespielt werden. Allein die Faszination durch die groß präsentierten Bilder und die dadurch erzeugte Kinoatmosphäre stellt eine große Motivation für die Kinder dar. Hinzu kommt, dass man bei dieser Form mehreren Kindern gleichzeitig das Bilderbuch vorführen kann.

Familien-Lesestunde

Eine besonders schöne Möglichkeit einer gemeinsamen Aktivität für die ganze Familie bzw. zur Förderung des Lesens stellt eine sogenannte Familien-Lesestunde dar. Dabei trifft sich die – gesamte – Familie zu einem verabredeten Zeitpunkt an einem bestimmten „Ort“ in der Wohnung; zum Beispiel in der „Leseecke“ (siehe weiter oben), der Couchecke, am Küchentisch oder am Klapptisch auf dem Balkon ... Jeder darf nun eine Geschichte oder einen Auszug aus einem Roman, ein Gedicht ... vorlesen. Man kann verabreden, dass derjenige, der den Text vorliest, kurz seine Auswahl erläutert. Wer noch nicht vorlesen kann, wählt trotzdem eine Geschichte aus und bittet ein anderes Familienmitglied, das lesen kann, den Text vorzulesen oder es erzählt die Geschichte zu den Bildern. Im Anschluss kann über die Texte gesprochen werden ... oder auch nicht. Es ist auch denkbar, sich vorher auf ein bestimmtes Thema, einen bestimmten Autor, ein bestimmtes Genre zu einigen und dann die Auswahl für den Vorlesetext zu treffen. Dabei sollte der Vorlesende bei der Auswahl des Textes, den er vorlesen möchte, sein „Publikum“ (Alter, Interesse ...) berücksichtigen.

Lesen und Hören

Die „Nutzung“ von Hörbüchern oder Hörspielen ist sehr geeignet, um den Kindern Spaß an Texten, an Büchern zu vermitteln. Besonders effektiv für das Verstehen von Texten gestaltet sich – wie bereits weiter oben ausgeführt – das gleichzeitige Lesen und Hören. (Siehe hierzu die im BVK Buch Verlag Kempen erschienene Sachbuchreihe „Leselauscher“ für Kinder ab ca. 7 Jahren.)